VIᵉ ÉDITION

10 EXEMPLAIRES SUR PAPIER DE CHINE

Prix : 25 fr. l'exemplaire.

IMPRIMERIE ELZÉVIRIENNE DE D. BARDIN À SAINT-GERMAIN

ALICE
ROMAN D'HIER

ARSÈNE HOUSSAYE

LES GRANDES DAMES
12e édition. — 1 vol. grand in-8, illustré, 15 fr.

LE DIX-HUITIÈME SIÈCLE
La Régence. — Louis XV. — Louis XVI. — La Révolution.
Édition de bibliothèque en 4 vol. in-18, 3 fr. 50 le vol.

POÉSIES
Poëmes antiques. — Poëmes mystiques. — Poëmes rustiques.
1 vol. elzévirien, eaux-fortes, 7 fr. 50.

HISTOIRE D'UNE FILLE DU MONDE
Un beau vol. in-8 avec cinq portraits, par HENRY DE MONTAUT, 5 fr.

LES MILLE ET UNE NUITS PARISIENNES
4 vol. in-8 avec 24 portraits des demi-mondaines et des extra-mondaines, par HENRY DE MONTAUT. Prix, 20 fr.

LUCIE
1 vol. in-18, portrait, 3 fr. 50.

LE ROMAN DES FEMMES QUI ONT AIMÉ
1 vol. in-18, portrait, 3 fr. 50.

TRAGIQUE AVENTURE DE BAL MASQUÉ
1 vol. in-18, portrait, 3 fr. 50.

LE CHIEN PERDU ET LA FEMME FUSILLÉE
2 vol., portraits, à 3 fr. 50.

LES COURTISANES DU MONDE
4 vol. in-18 cavalier, 20 fr.

IMPRIMERIE D. BARDIN, A SAINT-GERMAIN.

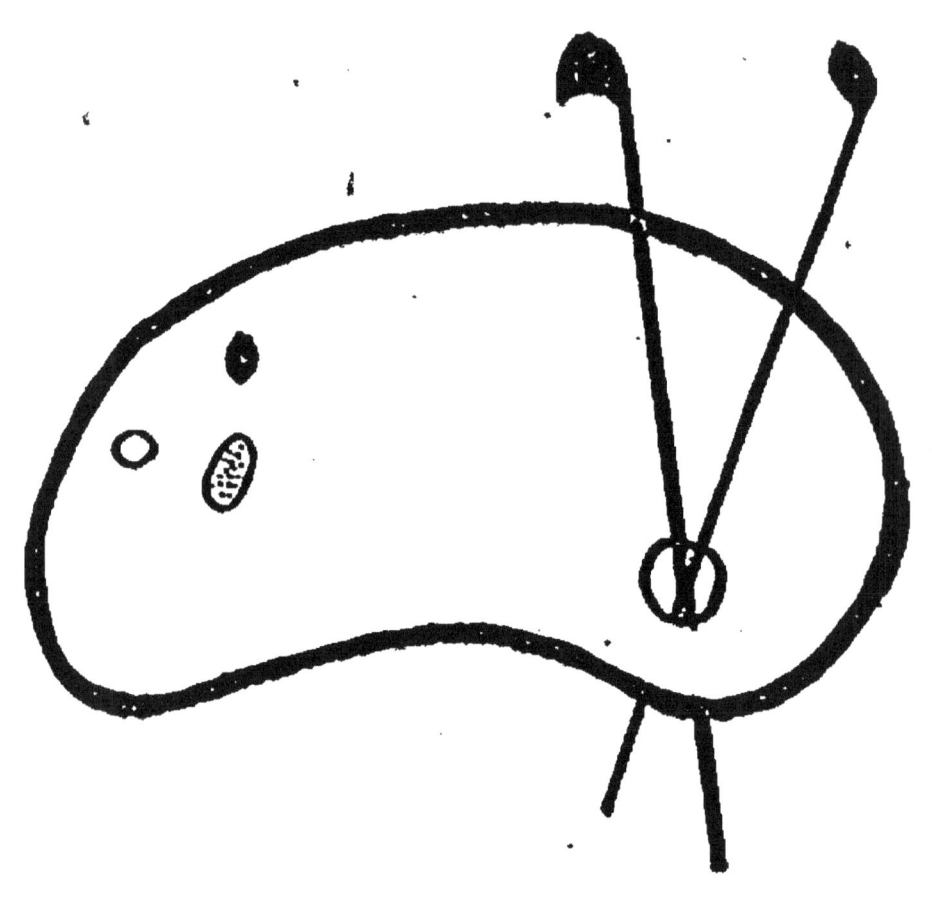

ORIGINAL EN COULEUR
N° Z 43-120-8

ALICE DE REVIERS

ALICE

ROMAN D'HIER

La Comtesse Kaosof

PARIS
E. DENTU, LIBRAIRE-ÉDITEUR
PALAIS-ROYAL, 15-17-19, GALERIE D'ORLÉANS

Tous droits réservés

J'ai de par le monde un ami qui se nomme Octave de Parisis. Celui-là est le meilleur des romanciers, car il ne conte que les romans qu'il a vécus. Qui mettrait en doute une seule des histoires amoureuses des Grandes Dames ?

C'est Octave de Parisis qui m'a donné le mot à mot de celle que je conte ici. Celle-là il ne l'a pas vécue, mais il a assisté à toutes les scènes de ce drame lamentable.

On verra par ce récit que si les passions sont des charmeuses elles donnent le vertige. — C'est imprimé. — Mais on ne saurait trop dire qu'on ne sait jamais où on va quand on s'embarque dans un amour. On croit n'avoir risqué que son temps, on a risqué plus que cela! — ainsi que le prouveront les aventures et les péripéties de cette histoire.

On s'est efforcé de dépayser le lecteur sinon les personnages; on les a masqués, non pas pour les faire reconnaître, comme certains dominos qui prennent un loup transparent, mais pour qu'on ne les reconnût pas du tout.

Il y a là une étude d'un haut intérêt puisque des passions terribles sont en jeu; puisque la vérité crie son mot, puisque le cœur est frappé mortellement.

C'est l'éternel roman des crimes impunis. Combien d'homicides ou plutôt de femmicides dans l'entraînement des passions! Il y a des femmes qui tuent avec une cruauté souriante.

— VII —

Et quel est le châtiment à ces crimes, où on n'a mis en œuvre ni le poignard, ni le poison? Est-ce le remords? Le remords même ne vient pas troubler les songes de ces jolis monstres féminins, qui s'imaginent volontiers que le royaume du ciel sera ouvert à celles qui ont eu le royaume de la terre.

Mlle Alice de Reviers.

ALICE
ROMAN D'HIER

I

LA REINE DU SABBAT

La porte s'ouvre. Une femme de chambre bien stylée, souriante et silencieuse, nous introduit dans un petit salon-Havane où rayonnent deux Diaz, des miracles de palette!

Où sommes-nous?

Chez la comtesse Kaosoff, une plus ou moins grande dame, qui produit tour à tour ses actes de baptême de Pétersbourg, de Moscou et d'Odessa.

Il paraît que sa mère courait le monde comme elle.

La femme de chambre vient d'allumer du feu ; la maîtresse de la maison entre par la porte de son cabinet de toilette ; elle est vêtue d'une robe de chambre en cachemire blanc, ou plutôt *crème-fouettée*, avec toutes les ornementations de la robe la plus simple du monde ; Mme Laferrière a passé quinze jours à la simplifier. C'est un monde.

Et ce monde est habité ; il est habité, non par une géante, mais par une amazone. On dirait d'une déesse descendue de l'Olympe, tant la comtesse est solennelle dans son apparition. Est-ce Phidias qui a taillé cette grande femme *vêtue de chair?* comme disait Rubens, mais pourtant svelte encore et douée d'une grâce surhumaine? Elle est plus haute que vous, madame, aussi haute que vous, monsieur, mais elle est pourtant bien féminine, car elle a tous les ondoiements et tous les serpentements de la femme trois fois femme. Quoique grasse, elle n'est point massive ; on peut même dire qu'elle a le pied léger. Ce n'est peut-être pas le plus beau pied du monde ; c'est peut-être parce qu'on a un peu marché dessus. Toutefois il est cambré et ne fait pas trop mauvaise figure, quand les femmes comparent leurs pieds.

La tête n'est ni d'un dessin grec ni d'un dessin parisien. Le nez est trop court, mais les narines ouvertes palpitent aux passions de la vie. Les lèvres sont trop grosses pour ne pas être sensuelles; mais, comme elles sont toujours entr'ouvertes, elles font voir les plus admirables dents. On a tout de suite envie de l'appeler « gourmande, » car celle-là n'a pas perdu son coup de dent sur l'espalier d'Eros. Le menton s'accuse légèrement; le front serait trop découvert, si la mode ne rabattait les cheveux sur les yeux, cheveux dorés par la nature ou par le miracle des chimistes. Il paraît que ceux qui lui parlent de près respirent dans ces gerbes opulentes une odeur des bois qui repousse toute idée de teinture : je n'en sais rien. On parle beaucoup de ses yeux *vairs*. En effet, le va-et-vient des passions leur donne toutes les couleurs. On a parié qu'ils étaient bleus, on a parié qu'ils étaient noirs, on a parié qu'ils étaient verts. Tout le monde a perdu, ils sont *vairs*.

Il ne faut pas avoir regardé longtemps la comtesse Kaosoff pour juger que c'est une femme de haute volée. Le rayon de l'intelligence illumine sa figure; n'étant belle qu'à moitié, elle a l'art de paraître belle; amoureuse, elle a pu toujours imposer silence à son cœur, pour ne pas s'humilier dans l'amour. Elle est impérieuse et cruelle. Elle aime les larmes — des autres.

Elle aime aussi l'argent des autres. Elle n'a jamais tendu la main, mais elle a daigné prendre pour faire plaisir à ceux qui lui offraient. Il y a tant de manières de voler son monde en criant *au voleur!*

A l'heure où elle nous apparaît, Paris n'est pas le premier théâtre de ses forfaits : elle avait couru toutes les capitales. Ce n'était pas une toute jeune femme, elle avouait trente-quatre ans, ses meilleures amies lui en donnaient quarante-six : total quarante ans.

C'était une moissonneuse dans le pays de l'amour. Or, dès qu'elle avait fait le dégât dans la moisson, elle laissait le champ aux glaneuses et changeait de terroir. Elle ne vivait pas au grand jour; les demi-teintes sont chères à ces météores. Celles qui jouent cartes sur table ont bientôt perdu la partie.

La comtesse se complaisait dans le nuage mystérieux, elle se montrait tout juste pour qu'on parlât d'elle. Elle avait naturellement des prôneurs; quelques hommes à la mode, vieillis sous le harnais de M. de Cupidon, s'étaient évertués à la mettre en lumière par des contes plus ou moins hyperboliques sur son esprit et sur sa beauté. Il y a des sceptiques qui n'auraient pas mis deux sous sur son cœur, ni sur sa figure, ni sur son machiavélisme, mais elle avait ses enthousiastes. On citait entre autres un ancien ministre de l'Empire, un esprit fort de la République, un quasi-ambassadeur, un intrépide journaliste. Naturellement le précurseur de toutes les exotiques l'avait comparée à la reine de Sabba, il aurait dû dire la reine du Sabbat : elle avait pour elle toutes les sorcelleries que le diable a enseignées aux femmes.

II

ENFANT PERDU, ENFANT TROUVÉ

La comtesse Julia Kaosoff était arrivée à Paris, — pour la seconde fois, — en avril 1876, en pleine saison des courses.

Autrefois, on venait à Paris pour voir Louis XV ou le roi Voltaire, pour voir Napoléon ou Mlle Contat, pour voir Victor Hugo ou Mlle Rachel; aujourd'hui on vient pour voir les chevaux, ou plutôt encore pour se faire voir dans le champ de courses.

Toute l'Europe mondaine est là.

La première fois que la comtesse vint à Paris, — en 1855, — ce ne fut ni pour voir les courses, ni pour voir Victor Hugo, ni pour voir Mlle Rachel. Elle prenait les eaux à Ems, ou du moins elle faisait semblant de prendre les eaux pour mieux cacher, par un joli déshabillé de malade, qu'elle était sur le point de donner un enfant au comte Kaosoff, qu'elle n'avait pas vu depuis un an.

Elle avait eu d'abord l'idée d'accoucher à Ems, mais il y avait là trop de compatriotes; elle partit pour Paris le 1ᵉʳ juillet, sous prétexte de voir l'Exposition des Champs-Élysées; mais la vérité, c'est qu'elle était venue pour mettre au monde une fille. Quand je dis pour mettre au monde, le mot n'est pas juste, car la fille qu'elle mit au monde, elle la cacha, comme une honte, au boulevard d'Enfer, pays des Enfants trouvés.

Et, après ses couches, elle se promena par la grande ville, allègre et souriante comme si elle eût fait une bonne action. En ces temps-là, c'était une jeune femme d'une beauté rayonnante, quoique discutable, comme toutes les beautés qui n'ont pas la ligne absolue de l'antique. On assure qu'elle fit alors quelques ravages dans Paris, mais elle ne fit que passer, comme la tempête.

Elle était venue avec une simple fille de chambre, nommée Katinka, qui jouait silencieusement le rôle des confidentes de tragédie. C'était la vieille servante avec tous les dévouements inconnus aujourd'hui. Quoique jeune encore, elle avait l'expérience d'une fille qui a beaucoup voyagé. Elle connaissait bien Paris, ce qui épargna beaucoup de complications dans ce voyage compliqué.

Pourquoi la jeune comtesse mettait-elle sa fille aux Enfants trouvés? Si l'on eût interrogé Katinka, elle eût répondu qu'elle n'en savait rien; si vous aviez interrogé la comtesse elle-même, elle vous eût dit que ça ne vous regardait pas.

Elles s'en retournèrent toutes les deux droit à Ems, d'où elles étaient venues de Saint-Pétersbourg.

En quittant Paris, la comtesse pleura. Il semblait que la maternité s'imposât pour la première fois dans son cœur.

— Dis-moi, Katinka, il est donc impossible aujourd'hui de voir cette enfant!

— Aussi impossible, madame, que de voir le soleil à minuit. D'ailleurs, vous vous y prenez un peu tard, puisque nous voilà dans le wagon déjà en marche.

— Je t'avais dit de mettre une médaille au cou de cette enfant.

— Mais, madame, toutes les médailles se ressemblent. J'ai fait mieux que cela. L'enfant a une marque éternelle.

— Explique-toi.

— Oui, je lui ai marqué le dessous du bras d'un fer rouge.

— Pauvre enfant! Tu étais folle!

— Nous n'en faisons pas d'autres en Russie. Moi-même j'ai ma marque, parce que je suis une enfant perdue, vous le savez bien.

La comtesse essuya une larme, en envoyant un baiser vers la rue d'Enfer.

— Je te remercie, Katinka; grâce à toi, je retrouverai ma fille.

— Quelle idée, aussi, de l'avoir mise aux Enfants trouvés?

— Je suis fataliste. Les enfants trouvés ne sont pas perdus. Et puis, que veux-tu faire d'un enfant anonyme. Le comte va revenir de Crimée, je n'ai pas le droit d'être pour lui mère de famille : or, où mettre un enfant, si ce n'est aux Enfants trouvés, pour qu'il ne parle pas tout haut. Les nourrices sont bavardes. Et puis tu sais avec

quelle avarice le comte me marchande mes robes !
Ah ! si Constantin ne s'était pas fait tuer à Sébastopol !

Et le train marchait toujours.

Cet élan de maternité qui avait soulevé madame Kaosoff ne fut qu'une secousse.

Quand elle arriva à Ems, — pour sa poitrine, disait-elle, — elle avait oublié l'enfant perdu.

S'en ressouvint-elle jamais !

A Ems, elle dansa ! Et elle valsa pour tourbillonner dans une nouvelle passion.

Il s'était donc passé vingt années depuis que la comtesse était venue à Paris la première fois.

Combien d'événements dans son monde et dans son cœur pendant ces vingt ans !

Elle avait eu, selon ses lettres de faire part, la douleur de perdre le comte Alexandre Kaosoff, qui n'avait jamais été sérieusement son mari que pendant la guerre de Crimée.

Libre de toute entrave matrimoniale, revenait-elle enfin pour retrouver l'enfant perdu ? Pas le moins du monde. C'est tout au plus s' elle se rappelait que dans le Paris de ce temps-là, une toute jeune femme était venue cacher son crime conjugal et maternel.

Elle venait à Paris pour jouir de son reste. Elle avait commencé la vie par le second acte; elle voulait éterniser le quatrième acte.

III

LE MIROIR AUX ALOUETTES

Ce n'était pas naturellement la curiosité qui avait ramené la Kaosoff à Paris, — comme la plupart des étrangères ; — c'était aussi l'amour des aventures, c'était plus encore l'esprit de domination. Jusque-là elle avait exercé haut la main son joli despotisme féminin à Pétersbourg, à Moscou, à Vienne et à Nice, où elle régna sans trop d'obstacles dans un cercle de courtisans plus ou moins amoureux ; mais elle sentait bien que toute femme qui n'a pas eu, — ne fût-ce qu'un jour, — son royaume à Paris n'a pas régné. (Les autres capitales ne sont que les stations de ce triomphe incomparable.) Aussi aspirait-elle à Paris, à ses pompes, à ses œuvres.

Jusque-là elle s'était fait les griffes.

Ce ne fut pas pourtant sans une certaine défiance qu'elle s'aventura toute seule dans ce pays où tant de beaux esprits meurent à la peine sans conquérir la renommée, où tant de travailleurs mordent la poussière sans arriver à la fortune, où tant de femmes se sacrifient sans imposer leur beauté.

Mais la comtesse voulait bien ce qu'elle voulait. Elle avait déjà trop franchi le Rubicon pour s'arrêter en route.

Elle était au-dessus des scrupules, il n'y avait devant elle ni vertu, ni pudeur, ni religion. C'était un joli monstre, mais c'était un monstre.

Elle avait à la fois l'amour de l'amour et l'amour de l'or.

Trouver des gens qui vous aiment, c'est à la portée de toutes les femmes; mais trouver des gens qui vous payent, c'est le miracle. Je sais bien que c'est un miracle qui se renouvelle tous les jours et mille fois par jour; mais le Paris des courtisanes, — je veux parler ici des femmes qui sont payées au poids de l'or, celles-là qui disent: « L'amour, c'est l'argent des hommes, » celles-là qui ont des hôtels et des chevaux aux dépens de

M. de Cupidon, — en un mot, les hautes coquines qui prennent le haut du pavé, — ces privilégiées de la galanterie, on les compte comme des bienheureuses.

Il y en a qui sont des femmes du monde, il y en a qui sont des femmes du demi-monde, il y en a qui sont des filles à la mode, mais combien sont-elles en tout ? A peu près quarante, comme à l'Académie française.

Or Mme Kaosoff voulait être de ces quarante.

Elle savait bien qu'il faut tout risquer pour réussir à Paris. C'est en jetant l'argent par les fenêtres qu'on s'enrichit. Cela s'appelle jeter de la poudre aux yeux. Aussi risqua-t-elle le meilleur de son argent pour se montrer à son arrivée à Paris, dans le grand luxe des plus luxueuses. Elle descendit au *Splendide Hôtel*, elle acheta une paire de chevaux noirs de vingt mille francs, elle courut les Worth et les Laferrière, elle fit des apparitions à l'Opéra dans des auréoles de diamants, vêtue de blanc comme une vision.

Au bout de huit jours, tout le monde parlait d'elle, d'autant plus qu'elle jouait à la belle mystérieuse.

Elle avait calculé qu'à ce compte-là, ayant cent

mille francs comptant, elle pouvait durer six mois, sans être ruinée. Or, il était impossible qu'en l'espace de six mois elle ne rencontrât pas parmi les fils de famille, les princes et les financiers, trois adorateurs au moins, qui ne missent encore cent mille francs à ses pieds. C'était le minimum. Avec son titre, sa beauté et son esprit, il fallait jouer de malheur pour ne pas en arriver là. Les hommes qui payent leurs bonnes fortunes seraient trop heureux de trouver une femme comme elle, puisqu'ils pourraient faire supposer qu'ils ne la payaient pas. Aussi criait-elle bien haut qu'elle avait le droit d'être prodigue, puisqu'elle ne connaissait pas sa fortune.

Par là elle prouvait qu'elle connaissait bien les hommes.

En effet, les moins avares ne donnent d'argent qu'à celles qui n'en ont pas besoin. Et ils le donnent d'autant mieux qu'on croit qu'ils ne le donnent pas.

Ce qui faisait encore la force de Mme Kaosoff, c'est qu'elle était bien décidée à n'avoir plus de passion, ou à cacher ses passions. Elle disait à tout le monde qu'elle ne venait pas à Paris pour être aimée, mais pour voir Paris ; un peu plus elle se serait promenée un guide à la main.

Et voilà comment en toute saison il nous survient, des pays étrangers, des femmes qui font le miroir aux alouettes, comme si nous n'en avions pas assez pour notre usage.

IV

UN HOMME DU MONDE ET DE LA MODE

Ce fut donc dans un arc-en-ciel que madame Kaosoff fit sa seconde entrée à Paris.

D'où venait-elle? On ne le sait pas encore. Le savait-elle bien, elle-même?

Elle descendit au *Splendide Hôtel* avec des lettres de recommandation de quelques diplomates en rupture d'ambassade.

Elle commença par donner un thé à un journaliste, un reporter, un artiste, un ministre étranger, un consul et un banquier célèbre par ses emprunts étrangers.

Elle fut exquise, son thé était exquis, la fête était exquise.

Il en fut question à mots voilés, le lendemain, dans le *Figaro*. On apprit ainsi qu'une étoile était tombée du ciel.

Il y a, à Paris, toute une série de chercheurs qui aiment à deviner les énigmes. La comtesse Kaosoff était une énigme digne du Sphinx. Elle jouait à l'impénétrable.

Elle avait fagoté une histoire invraisemblable : Elle ne voulait passer à Paris que comme un météore égaré. Son mari était exilé à Kasan, pour avoir conspiré dans le vieux parti des grognards russes. Elle s'était enfuie de Russie dans la haine du czar, qui avait osé lui sourire quand son mari était exilé, mais elle aurait son heure de vengeance. En attendant, elle voulait faire le tour du monde, parce qu'on s'instruit en voyageant. Comme elle savait bien qu'à Paris on fuit les femmes qui n'ont pas le sou, elle avait parlé avec beaucoup de nonchalance de ses mines d'argent dans le Caucase. Un peu plus, le reporter lui demandait vingt-cinq louis pour prendre un fiacre, le journaliste lui offrait de mettre ses mines en actions, le peintre lui demandait à faire son portrait.

Seul, le ministre étranger, plus sceptique et

mieux avisé que les Parisiens, avait eu peur de ses mines d'argent.

Le lendemain, il y avait des courses. Ce fut à Longchamps que le comte d'Aubigné, la voyant causer avec le reporter, demanda à lui être présenté.

M. d'Aubigné — quarante ans, figure héraldique, impertinence de vieil enfant gâté devenu enfant prodigue — passe pour le Machiavel de l'amour. Il a la science de se faire aimer par toutes les gaietés et toutes les coquetteries d'un Lauzun au petit pied. — Il pose pour le pied. — Il a un soir, entre deux vins et entre deux femmes, réhabilité Joseph fuyant Putiphar, affirmant qu'il avait lu dans les textes sacrés que Joseph n'avait fui la femme de Pharaon que pour devenir plus maître de lui et plus maître d'elle. Il dit qu'en amour, quand c'est la passion et non le désœuvrement qui réunit un homme et une femme, c'est la première étreinte qui donne le sceptre à l'un ou à l'autre; c'est celui des deux qui aime le moins et qui fait semblant d'aimer le plus, qui écrit les lois; l'autre a beau dire et beau faire, il obéit lâchement, jusqu'au jour où il brûle le sceptre sur la place de la Bastille, —

jusqu'au jour où il va se jeter tête perdue dans une autre passion, pour la vengeance de toutes ses servitudes. — C'est la comédie des ricochets. Que de femmes subiront demain, par contre-coup, toutes les douleurs qu'elles ont causées hier!

M. d'Aubigné, avec ses airs de scepticisme, a le cœur près des lèvres; il lui arrive encore çà et là de se laisser reprendre « à ces chaînes d'épines, toutes fleuries de roses, qui déchirent et qui enivrent, » disait Shakespeare. Mais il a presque toujours la force de rompre la chaîne en soulevant le masque de la femme.

Il mène la vie à quatre chevaux. Il lâche la bride à ses passions, sans s'inquiéter des ravins et des précipices. Il peut redire ce mot d'un Athénien à un Spartiate : « Respectez mes vices, car ils sont plus grands que vos vertus. » Il prend en pitié les jeunes gens du siècle Ruolz, qui croient imiter les marquis du siècle d'or. « J'ai soulevé vos masques, leur dit-il; vous faites semblant de danser une bacchanale dans le carnaval de la vie, comme si vous dansiez sur un volcan, mais vous dansez sur un tombeau quelque ronde funèbre inventée par des croque-morts. Vos chevaux de race ne vous mènent qu'à votre corbillard. Vous ne savez dépenser ni votre cœur ni votre argent. Vous mourez riches, mais vous avez vécu pauvres. »

Avec Mme Kaosoff, M. d'Aubigné voulut être irrésistible : il fut éblouissant ; elle fut adorable.

Il obtint sans peine la grâce d'aller la voir le lendemain. Elle savait déjà que c'était un des hommes les plus recherchés de Paris pour son nom, pour sa figure, pour son esprit, pour sa fortune — et pour sa prodigalité !

Le comte d'Aubigné n'a pas l'habitude de filer aux pieds d'Omphale, aussi voulut-il avancer les choses à sa première visite ; elle lui tint d'abord la dragée haute, en femme impeccable qui ne veut des hommes que leur amitié ; mais bientôt la glace se fondit, elle voulut bien qu'il dînât avec elle, car il s'était invité. On s'ennuie tant dans un hôtel, même au *Splendide Hôtel* ; il n'y a que le *Grand Hôtel* qui soit amusant, parce qu'il est le caravensérail universel.

V

L'ESPRIT DE L'AMOUR — L'AMOUR DE L'ESPRIT

Si le dîner fut charmant! vous n'en doutez pas. On eut toutes les gourmandises.

Quand le comte voulait, il était fort agréable; quand la comtesse voulait, elle était irrésistible avec ses cheveux à reflets fauves, irrésistible avec ses yeux noirs surmontés de sourcils d'autant plus noirs qu'ils étaient peints, irrésistible avec sa bouche mordante, voluptueuse et narquoise.

La comtesse — on le sait déjà — n'avait plus vingt ans, ni vingt-cinq, ni trente; mais elle avait le grand art de retenir la jeunesse.

Un esprit scrutateur aurait bien trouvé à redire au point de vue de la suavité et de la fraîcheur, mais le comte, ce soir-là, ne cherchait pas l'absolu ; fidèle à son goût pour les aventures, il cherchait une aventure.

L'amour de la curiosité avivait pour lui la curiosité de l'amour.

Comme disait Byron, il voulait marquer son éperon sur la cavale. Celle-ci avait un air de sauvagerie qui le surexcitait ; il pressentait qu'il lui serait doux, dans son triomphe, de soulever et d'empoigner cette crinière blonde et rousse qui n'était pas à la portée de tout le monde et qui jetait du feu comme en jette la nuit la robe phosphorescente de la chatte.

Aussi, on était à peine au dessert qu'il se leva sans rien dire, et qu'il alla se pencher sur Mme Kaosoff pour promener furieusement ses lèvres sur cette belle et ardente chevelure.

— Eh bien ! que faites-vous là ?
— Ma foi ! je n'en sais rien, j'ai obéi à un sentiment impérieux ; je vous aime, comtesse !
— Vieille chanson !
— Sur un air nouveau.
— Oh ! c'est toujours le même accompagnement.
— C'est donc en Russie, comme à Paris ?

—Je ne sais cela que par ouï-dire, car je n'ai jamais rien aimé.

— Pas même l'exilé de Kasan ?

— Non, c'est un ami.

— Eh bien ! laissez-moi être un amant !

— Je ne tombe pas dans ces duperies du cœur.

— Vous...

— Pas si bête !

— Vous ne seriez pas dupe du mien.

— Oui, mais si j'étais dupe du mien, ce serait bien pis !

— N'ayez pas peur, on ne m'a jamais aimé.

La comtesse regarda le comte avec un sourire amoureux.

— On ne vous a jamais aimé ? Tenez, vous êtes un fat. Je vous connais bien. Il y a deux sortes d'amoureux : les uns n'aiment les femmes que pour les aimer, les autres n'aiment les femmes que pour en triompher. Vous êtes de ceux-là.

— Le beau triomphe ! ce n'est pas la femme qui se donne, c'est l'homme qui se laisse prendre.

— Taisez-vous ; on connaît vos victimes, tandis que vous, vous n'avez jamais été écorché ni brûlé vif.

— Je vous attendais. L'amour est un fil de

soie que la femme tient par les deux bouts et qu'elle nous donne à retordre.

Ce début de causerie peut donner l'idée du reste. Le comte alla se rasseoir ; mais il approcha sa chaise de la comtesse. Elle le renvoya en face d'elle pour n'être pas mal jugée au *Splendide Hôtel* par les racontars du valet qui survenait à chaque instant pour le service.

Mais quand on eut servi le café, quand madame Kaosoff alluma sa première cigarette, M. d'Aubigné se rapprocha tout à fait ; il devint de plus en plus audacieux ; il ne fuma de cigarettes que celles qui étaient allumées par l'amphitryonne.

On parla d'abord d'aller au théâtre ; mais on oublia l'heure en contant des histoires, où chacun mettait son orgueil en scène, car si le comte était doué d'une forte vanité, la comtesse était une vaniteuse à outrance.

Et plus on allait, plus la comtesse se prenait au comte, mais moins le comte se prenait à la comtesse, parce qu'il la perçait à jour quelle que fût la ténuité de la trame.

Pour lui, ce n'était rien autre chose qu'une belle aventureuse ou une belle aventurière qui peut-être ne tomberait pas dans le demi-monde de Paris, mais qui ne serait pas non plus reçue dans le monde.

Puisque sa bonne fortune le jetait en face d'elle, il voulait compter une bonne fortune de plus, car il avait l'instabilité des don Juan.

Mais on avait compté sans Cornillac.

Car on sonna alors d'une main de maître.

VI

M. DE CORNILLAC

La plupart des fils de famille qui mènent grand train ont pour inséparable un gai compagnon de jeunesse, toujours soumis à leur despotisme. Il y a dans toutes les classes des hommes qui sont nés pour commander, et des hommes qui sont nés pour obéir. Ceux-ci sont peut-être les plus heureux, parce qu'ils s'abandonnent au courant de la vie, ou à la fatalité. Ils ne sont pas fâchés qu'un plus avisé s'occupe de leurs plaisirs, même quand ces plaisirs ne donnent que des peines.

M. d'Aubigné avait pour satellite M. de Cornillac.

Qui n'a connu à Paris M. de Cornillac, marquis sans marquisat, parlant de ses vignes et de ses chasses, mais n'ayant jamais bu que le vin des autres, et n'ayant jamais chassé que la pièce de cent sous?

Il était gai comme le matin, mais taquin comme une averse. C'est par là qu'il avait plu à M. d'Aubigné, qui disait souvent :

« Ah ! diable, Cornillac n'est pas là, la journée sera triste. »

Et comme on lui représentait que Cornillac était fort embêtant avec ses disputes et ses regimbades, il disait :

« C'est précisément pour ça que je l'aime ! Il me met hors de moi, il m'agite le sang, il me donne du ton, sans compter qu'il m'apprend à discuter le pour et le contre. Si j'ai de la riposte, c'est un peu grâce à lui, car c'est avec lui que j'ai fait mon stage dans les forts en gueule de l'éloquence. »

Peut-être Cornillac n'eût-il pas tant amusé M. d'Aubigné, s'il n'eût disputaillé qu'avec lui seul ; mais il le lâchait sur ses amis ; c'était un aboyeur sans trêve ni merci. S'il n'avait pas toujours le mot juste, il avait toujours le mot drôle.

Il tombait sur ses adversaires, comme l'avocat tombe sur le client quand il a perdu un procès. Il n'y avait donc pas de beau dîner ni de belle fête sans Cornillac.

On se demandait de quoi il vivait à Paris. Sa mère lui envoyait d'Agen, tous les mois, trois à quatre cents francs avec quoi il ne faisait pas trop mauvaise figure, parce qu'il ne payait jamais son dîner ni ses tailleurs, ni ses maîtresses.

On l'accusait même de vivre un peu trop chez ces dames du lac. Mais ces dames du lac l'avaient mis plus d'une fois aux prises avec leurs créanciers, ce qui avait presque toujours réussi, tant il parlait d'or à ceux qui voulaient de l'argent.

Donc on entendit sonner. Après quoi il s'éleva une dispute dans l'antichambre. Après quoi l'on vit entrer dans le petit salon un personnage inattendu, du moins par la comtesse.

— Ah diable ! s'écria M. d'Aubigné, me voilà dans de beaux draps, c'est Cornillac lui-même.

Cornillac fit un gracieux salut à la comtesse, mais tout aussitôt se tournant vers son ami, il lui parla vertement.

— T'imagines-tu, dit-il avec un accent agenais, que je m'amusais dans ton coupé ? Je comprends que tu ne t'ennuyais pas ici, mais Dieu merci, je ne suis pas habitué à de pareilles manières ! Ne suis-je pas de moitié dans toutes tes peines, comme dans tous tes plaisirs ?

— De moitié, de moitié, murmura M. d'Aubigné, ce n'est pas le moment.

Mais Cornillac éleva la voix.

— Tu sais que tu m'as donné rendez-vous pour aller ce soir chez Cigarette.

— Vas-y toi-même.

— Et que veux-tu que je fasse sans toi ?

M. d'Aubigné tordait sa moustache avec impatience.

— Ne vas pas faire croire à la comtesse que je connais Mlle Cigarette.

L'impitoyable discuteur se tourna alors vers Mme Kaosoff.

— Je vous prends à témoin, madame, de ma mésaventure. Je viens ici dans son coupé, je pose cinq minutes à la porte, je monte deux étages du *Splendide Hôtel*, sans autre ascenseur que ma jeunesse ; tout cela pour trouver un sybarite qui s'obstine à vos pieds. Mais vous allez le mettre à la porte.

— Pas du tout ! dit la comtesse,

Cornillac prit un fauteuil.

— Eh bien ! je suis des vôtres.

M. d'Aubigné s'approcha de Cornillac.

— Voyons, tu vois bien que nous sommes en tête-à-tête, lui dit-il à demi-voix.

— Ne suis-je pas de tous les tête-à-tête ?

M. d'Aubigné comprimait sa colère.

— Tu sais que je t'enverrai deux témoins demain matin. Nous verrons si ce tête-à-tête-là te sera agréable.

— Je n'ai pas peur de toi !

La comtesse était allée à son piano pour couvrir cet aparté par une gamme ascendante.

Cornillac n'en était pas encore à la gamme descendante. On se dit les choses les plus familièrement brutales, jusqu'au moment ou M. d'Aubigné partit d'un grand éclat de rire, pour prouver à M⁽ᵐᵉ⁾ Kaosoff que ce n'était pas sérieux.

Cornillac était sérieux.

Il prit le parti de s'en aller ; mais non sans avertir son ami qu'il allait souper chez M⁽ˡˡᵉ⁾ Cigarette, une des amoureuses de M. d'Aubigné.

— Adieu ! Et tu ne nous reverras plus.

— Jamais !

— Jamais !

VII

LE SOPHA

On respira. M. D'Aubigné jura de faire payer cher à Cornillac le quart d'heure qu'il venait de lui faire passer.

On s'était mis au coin du feu, elle sur un canapé, dans la pose étudiée d'une Orientale, lui sur un pouff presque à ses genoux.

Elle était en pantoufles; à chaque instant il la déchaussait en vantant son pied. Il n'y avait pas d'hyperbole dans son enthousiasme, car quoique grande elle avait un beau pied fièrement cambré.

Ce n'était certes pas un pied de Chinoise, mais ce n'était pas non plus un de ces pieds bêtes qui tombent à plat et qu'un galant homme ne peut pas garder dans sa main.

Le comte avait tant parlé des cheveux de Mme Kaosoff, que par une coquetterie bien naturelle, mais quelque peu osée, elle les répandit comme une gerbe mûre sur son sein.

Le comte y jeta éperdument les mains comme sur une moisson.

— C'est la première fois, dit-elle, en reprenant ses cheveux, qu'un homme ose y toucher.

— C'est donc une fôret vierge ?

— Oui, j'ai la chaste fierté de mes cheveux ; je serais capable de tordre le cou avec ces torsades-là à celui qui m'aurait insultée.

— Eh bien ! je voudrais mourir de votre main et de vos cheveux.

Tout d'un coup, le domestique entra sans se faire annoncer.

— La voiture de Monsieur est en bas, dit-il gravement.

Et avec la même gravité, M. d'Aubigné dit au domestique :

— Dites à mon cocher de revenir demain matin — avec M. de Cornillac !

Mme Kaosoff jeta-t-elle les hauts cris? Invoquat-elle la foudre et tordit-elle le cou à M. d'Aubigné avec ses cheveux incandescents?

Je ne sais.

Mais le lendemain, quand le même domestique vint dire, — toujours sans se faire annoncer, — que la voiture de M. le comte était en bas, M. d'Aubigné embrassa la comtesse avec une imperceptible raillerie, et lui dit *à revoir* de l'air d'un homme qui dit *adieu*.

— N'oubliez pas, mon cher Léopold, que vous verrez le Salon avec moi, et que nous irons ensuite dans un petit théâtre.

— C'est dit : je serai ici à sept heures.

— Et demain ?...

— Toujours.

— Toujours ?

— Toujours !

Le comte sortit sur ce mot.

À sept heures il ne revint pas.

Ni le lendemain, ni toujours.

Que de fois les amoureux ont dit — toujours — pour dire — jamais ! —

VIII

HERMIONE ET PHÈDRE

JE ne perdrai pas mon temps à vous peindre les fureurs d'Hermione. Ou plutôt c'était *Phèdre tout entière de sa proie détachée*.

Cette femme qui jusque-là avait tout ployé sous sa main de fer, venait de trouver son maître.

C'est qu'elle aimait éperdument — et en toute vapeur — M. d'Aubigné. C'est qu'elle avait honte d'être domptée dans sa fierté.

Elle eut la lâcheté d'écrire au comte une lettre amoureuse.

Quoiqu'il fût homme de bonne compagnie, il avait même oublié de lui envoyer un bouquet. Il avait bien pensé à lui écrire lui-même qu'il partait pour faire un voyage au pôle nord, mais le train de la vie est si rapide à Paris qu'il n'avait pas trouvé un quart d'heure pour prendre la plume.

D'ailleurs il était si impertinent!

Jamais les lionnes, les tigresses, les panthères de Java, de Bréda-Street ou des Champs-Élysées ne poussèrent des rugissements plus féroces ni plus désespérés que ceux de Mme Kaosoff.

Sa haine fut créée de son amour.

Certes si le comte s'était trouvé sous ses griffes, elle l'eût défiguré et lui eût, à la lettre, tordu le cou de ses beaux cheveux.

Sa douleur fut d'autant plus terrible qu'elle ne pouvait la confier à qui que ce fût, — qu'elle était forcée de rire dans ce Paris qui rit, — qu'elle adorait le comte, tout en le maudissant.

Elle ne pouvait s'expliquer comment cet homme, qui avait été si charmant pendant vingt-quatre heures, la condamnait à un pareil supplice. Était-ce une gageure? N'était-ce pas la cruauté de l'enfant qui arrache une à une les plumes aux oiseaux? Était-ce pour se venger d'avoir souffert lui-même?

La comtesse était si malheureuse qu'elle pleurait tout haut, qu'elle se jetait à genoux et qu'elle voulait mourir. Elle avait beau se frapper le cœur, le cœur ne voulait pas se rendre.

Elle rôda autour de l'hôtel du comte.

Elle l'aperçut à la fenêtre qui fumait gaiement un cigare; elle eut honte d'elle-même, elle s'enfuit pour cacher ses larmes, la rage dans le cœur.

Elle résolut d'attendre l'heure de la vengeance.

Elle ne pouvait rester au *Splendide Hôtel* après cette première aventure. Elle loua un hôtel avenue d'Iéna et s'efforça de se distraire un peu en le meublant avec toutes les fantaisies d'une femme qui n'a rien à faire.

Elle était déjà à la mode et tout le monde voulait venir chez elle; mais elle fermait sa porte et se montrait à peine au Bois, presque toujours voilée. Quand elle rencontrait le comte, elle s'efforçait de le regarder en femme qui ne le connaît plus,— qui ne l'a jamais connu!

Vous comprenez, n'est-ce pas, la fureur bleue de la comtesse, après son aventure avec M. d'Aubigné.

Elle entrait à Paris par une mauvaise porte.

IX

POUR UN COUP D'ÉPÉE

CE jour-là, Mme Kaosoff rumina les vengeances les plus extravagantes; cette profonde humiliation à sa première aventure à Paris l'exaspérait jusqu'à l'affolement. On en donnera un exemple :

Le prince Galitzin vint la voir par curiosité, sans aucune arrière-pensée de se jeter à ses pieds. Mais dès qu'il entra dans le salon, elle courut à lui, lui prit les mains et lui donna son front à baiser.

— Mon cher prince, lui dit-elle, vous m'aimez, n'est-ce pas ?

— Mon Dieu, oui, répondit le prince sans se mettre en quatre.

— Eh bien ! embrassez-moi mieux que cela.

Et quand le prince l'eut embrassée couci-couça, convaincue qu'il y trouvait un réel plaisir, elle lui dit avec un grand laisser-aller :

— Ceci n'est que la petite pièce. Je vous jouerai la grande, si je suis contente de vous.

— Et que faut-il faire pour que vous soyez contente de moi ?

— C'est bien simple : il faut vous battre en duel avec un homme qui m'a offensée.

— Oh ! oh ! Ce n'est pas si simple que cela, car je n'étais pas là quand on vous a offensée.

Le prince sourit malicieusement en regardant la dame :

— Et puis, je n'ai pas le droit de combattre pour vous.

— Je vous donnerai ce droit-là.

— Oh ! oh ! répéta le prince, voilà qui se complique.

Le prince est fort brave, mais il n'aime pas l'amour qui ne va pas tout seul.

Il sentait qu'il marchait dans une forêt Noire, sans savoir son chemin.

— En un mot, dit Mme Kaosoff, je serai votre maîtresse — pas longtemps, — un jour — une heure, — mais avant tout, vous vous battrez pour moi.

— Contre qui ?

— Contre un insolent, le comte d'Aubigné, qui m'a traitée comme une fille.

— Oh ! le comte d'Aubigné, jamais ! C'est mon ami. Et, d'ailleurs, ne fût-il pas mon ami, que je n'achèterai jamais les bonnes grâces d'une femme à ce prix-là, même si cette femme est belle comme vous.

Sur quoi, le prince se leva, baisa la main et sortit.

La comtesse, plus furieuse encore, fit trois fois le tour du salon, comme une lionne dans sa cage.

— Oh ! ces hommes ! ces hommes ! ils ne sont capables de rien, pas même d'une mauvaise action.

X

L'ENFER DE LA FEMME.

Mais la comtesse n'était pas femme à se décourager au premier choc. Elle était trop batailleuse pour n'aimer point la lutte. Elle n'en était pas, d'ailleurs, à ses premières batailles contre la destinée. Elle jura de reconquérir M. d'Aubigné, ou de se venger comme Junon elle-même.

Elle résolut d'abord de faire parler d'elle par son luxe et par son esprit.

Elle avait quitté le *Splendide Hôtel;* en la sachant là, on pouvait la juger en aventurière tapageuse; elle venait de planter sa tente de combat, on le sait déjà, dans un hôtel de l'avenue d'Iéna, dont elle meubla trois pièces avec la profusion la plus éclatante, le salon, la chambre à coucher et le cabinet de toilette.

Avoir une salle à manger, c'était se risquer trop loin, parce qu'une salle à manger exige une cuisine et des convives. La comtesse résolut de déjeuner dans son lit et de dîner dans sa chambre à coucher, quand elle ne dînerait pas en compagnie au café Anglais ou ailleurs. Elle aurait la ressource de dire que sa salle à manger ne serait ouverte qu'à quelques mois de là, parce qu'elle voulait qu'on lui fît des merveilles en ébène marqué d'argent.

La comtesse n'avait pas négligé les objets d'art. Elle savait qu'à Paris, il n'y a pas de femme à la mode sans quelque curiosité des anciens temps ; par exemple, on pouvait admirer dans son salon deux beaux vases en émail cloisonné de la Chine, à quatre lobes richement décorés de ces superbes fleurs en gros bleu, rouge, noir et or, se balançant sous les oiseaux familiers, sur des tiges sveltes et hardies. L'œil était pris tout de suite par la forme, la chaleur de ton et les frises délicatement ouvragées.

Il y avait au milieu du salon un magnifique *brasero* pareillement en émail cloisonné, élevé sur trois pieds à panses de forme sphérique, flanqué d'anses fort sveltes avec ornements, et frises coloriées sur fond bleu turquoise. Le couvercle en bronze doré et repercé était couronné par une poignée représentant une salamandre.

— C'est mon symbole, disait Mme de Kaosoff, je n'ai pas peur du feu !

Or elle était alors dans l'enfer.

Quand elle avait des visiteurs, elle soulevait le couvercle du *brasero* pour leur donner le spectacle de quelques lettres brûlées, — sa correspondance du jour, — dans les parfums les plus pénétrants.

Dans le cabinet de toilette, la comtesse avait réuni, en deux matinées, quelques petites merveilles d'orfévrerie, par exemple un pot à eau et une cuvette en argent, à côtes contournées avec de fines ciselures, ornements rocaille de la meilleure époque Louis XV. Mme Kaosoff disait que c'était aux armes de Mlle de Romans, à peu près comme Balzac qui se vantait de posséder le cabinet en ébène de Catherine de Médicis.

On pouvait remarquer à côté un grand vidrecome en argent repoussé et doré, contourné par des enfants joueurs, un peu massifs, mais vivement égayés par leurs jeux. Il y avait là deux jolis flambleaux Louis XIV en argent ciselé, à mascarons et ornements en relief. « Pillage des Tuileries, » disait la comtesse. « Pillage aussi, » disait-elle d'un très-beau flacon en cristal de roche, monture Louis XVI en or ciselé, émaillé gros bleu sous des feuillages coloriés, surmonté d'une perle rare sur un collier en roses.

— Prenez garde, lui disait-on, on vous volera ce bijou-là.

— Allons donc ! s'écriait-elle, je suis un bijou bien plus précieux, et on ne me prend pas.

En entrant dans son salon, on aurait pu se croire chez un président de la Cour de cassation; mais un homme qui connaît son monde, — en voyant ces tentures de satin noir encadrées d'or, ce canapé et ces fauteuils de satin gorge de pigeon, ce lustre en cristal de roche qui semblait, par sa beauté et son éclat, le pendant d'oreille d'une géante, en voyant ce tapis de perse, acheté à Téhéran et non dans les magasins du Louvre, ces portraits de famille qui n'ont jamais été de la même paroisse, ce plafond où s'agitaient des amours peints par Chaplin, cette pendule à la Louis XVI, qui avançait toujours d'un quart d'heure, — se fût reconnu bien vite en pays de connaissance, — de mauvaise connaissance, d'autant plus qu'on respirait dans cette atmosphère je ne sais quelle odeur d'eau de Lubin et de poudre à la maréchale.

Il ne fallut pas huit jours à la comtesse, qui était une femme expéditive, brûlant toujours le pavé, pour parachever la chambre à coucher comme le salon, le cabinet de toilette comme la chambre à coucher. Tout cela dans le plus pur Louis XVI.

Un grand tapissier de Paris lui offrit de finir l'hôtel dans le même style, mais comme elle voulait tout payer argent comptant, elle lui dit qu'elle attendrait, ne sachant pas encore si elle se plairait dans l'hôtel. Mme Kaosoff n'était pas de ces femmes qui se font tuer par la dette flottante. Quand elle ne payait pas, c'est qu'elle quittait le pays. Et encore elle payait en promesses.

Un de ses adorateurs platoniques lui dit, en admirant la chambre à coucher :

— C'est le paradis !

— C'est l'enfer ! répondit-elle, en pensant que M. d'Aubigné n'y viendrait pas.

XI

MADEMOISELLE ALICE DE REVIERS.

Un hasard lui donna alors une amie.
Un soir qu'elle conduisait au Bois ses deux chevaux noirs, toujours superbes, plus que jamais intraitables, elle eut toutes les peines du monde à éviter le passage du tramway, au haut de l'avenue d'Iéna. Elle se croyait sauvée, quand les chevaux surexcités se jetèrent contre une victoria de la Compagnie des petites voitures, qui menait avenue du Roi-de-Rome une jeune fille fort belle et fort mal vêtue. La victoria fut renversée. La comtesse se précipita et releva la jeune fille qui la remercia, quoique toute effarée, par le plus charmant sourire du monde.

— Alliez-vous au Bois, mademoiselle? lui demanda la comtesse.

— Non, madame, j'allais chez la reine d'Espagne.

— Eh bien, mademoiselle, je vais vous y conduire.

La comtesse donna la main à la jeune fille pour qu'elle montât dans son landau.

On fit bien vite connaissance. La jeune fille semblait elle-même une étrangère, abandonnée à Paris. Elle était fort jolie : — beauté brune avec des yeux bleus. Grande et svelte, timide et désinvoltée, — figure pénétrante et pénétrée comme la Danaé de Léonard de Vinci, — un charme qui vous prend comme un rayon.

La comtesse prise à cette magie fit promettre à cette belle inconnue de venir la voir.

Cette jeune fille, qui s'était baptisée Alice de Reviers, allait avec une lettre de recommandation demander des nouvelles « de son frère, » un officier de fortune qui était parti avec le jeune roi Alphonse XII.

— Ma chère petite, lui dit la comtesse, vous n'êtes pas très-bien fagotée pour aller voir une reine, même une reine en rupture de royauté.

Si vous m'en croyez, vous n'irez que demain ; d'ailleurs cette mésaventure vous a trop émue, nous allons faire un tour au bois pour nous en revenir chez moi.

La comtesse n'était pas hospitalière à demi. Elle aimait la beauté et elle était fataliste. Elle ne doutait pas que, puisque la destinée avait mis cette jeune fille sur son chemin, c'est qu'elle devait être son amie dans ce Paris où elle n'avait trouvé encore qu'un ennemi.

Elle regarda en face sa jeune amie.

— Êtes-vous bien sûre que le soldat de don Carlos et d'Alphonse XII soit votre frère ?

— Oui, dit Alice en rougissant.

— A la bonne heure, pensa Mme Kaosoff, elle rougit encore.

La comtesse embrassa Alice.

Mme Kaosoff aimait trop sa personnalité pour s'attarder à celle des autres ; le roman de sa vie était le seul qui l'intéressât. Aussi se contenta-t-elle de questionner çà et là Alice sur les aventures de sa jeunesse.

Par un sentiment de respect pour elle-même, Alice était impénétrable. Il est des femmes qui ouvrent leur cœur à deux battants, pour convier tout le monde au spectacle de leurs chutes; d'autres ne confient leurs fautes qu'à Dieu. Les premières sont peut-être les plus orgueilleuses, elles semblent dire : « Nous sommes tombées de haut ! » Les autres ont l'humilité et la dignité du silence.

Mlle de Reviers cachait donc sa vie. Elle se contenta de dire à la comtesse qu'elle était bien née, mais qu'elle s'était risquée dans deux passions irrésistibles, mais toutes platoniques.

— Déjà deux passions, s'écria Mme Kaosoff, prenez garde, on meurt à la troisième — platoniquement.

Sans trop interroger la jeune fille, Mme Kaosoff parvint pourtant à la confesser quelque peu.

Alice lui conta quatre pages de sa vie. Mais il n'y avait guère que quatre mots de vérité.

Elle se disait fille de race, mais d'une race tombée. Beaucoup de fierté et pas d'argent. Elle parla d'un père tué à Solférino, d'une mère morte devant son berceau. Elle avait suivi une tante en Italie, en Espagne et en France, à la recherche de la fortune, sans la trouver jamais.

Comme toutes les femmes qui courent beaucoup, la tante avait eu des aventures, si bien que la nièce s'était trouvée à mauvaise école. On avait échoué à Paris, où la tante était morte à quelques mois de là. Le frère aurait pu veiller sur la sœur, mais comment la protéger sans argent? Il se fit soldat pour don Carlos, sauf à se retourner pour Alphonse XII. On comprend qu'il n'avait pas fait une liste civile abondante à sa sœur. Elle avait recueilli de quoi vivre pendant un an avec les hardes et les bijoux de sa tante. Elle chantait. On l'a entrevue dans quelques salons et dans quelques concerts. C'était une voix *blanche*, aussi disait-on : « C'est bien heureux qu'elle soit belle ! c'est sa figure qui chante. » Elle avait pourtant bien du charme dans la musique de sentiment.

Ce fut ainsi qu'elle tourna la tête à un diplomate bien connu dans le monde parisien. Elle-même se laissa prendre et le suivit à Rome, donnant son cœur, mais ne donnant pas sa vertu. Car elle avait malgré elle les rébellions de la chair, les pudeurs révoltées de l'épiderme. Elle ne se donnait qu'à moitié.

Cette passion idéale qui était sa vie n'eut qu'un temps. Elle n'était pas encore revenue de son rêve qu'il lui fallut le pleurer : trois mois d'amour, six mois de larmes !. Elle revint à Paris jurant de n'aimer plus.

Elle se consola avec un homme célèbre qui la cacha à Auteuil comme le diplomate l'avait cachée à Rome, sans devenir non plus tout à fait son amant. Cet amour, ce furent de nouvelles douleurs, car c'était aussi l'abandon forcé; ce monde-là ne procède que par coups de théâtre dans les affaires du sentiment. Elle n'était pas devenue riche à ce jeu-là ! Elle aurait pu, comme tant d'autres, se bien tirer du « commerce de l'amour, » selon la vieille expression, mais elle avait trop l'esprit de la cigale et la dignité du lis.

Depuis qu'elle avait perdu son second amoureux, elle vivait en pleurant — et en chantant! — car elle donnait des leçons de chant. Elle habitait l'hôtel Meyerbeer attendant tout du lendemain et voulant oublier le passé.

Voici le roman que Mlle de Reviers débita à la comtesse; mais la comtesse ne parut pas bien voir clair dans cette histoire.

Elle voulut quelques réponses catégoriques pour savoir ce qu'elle pourrait faire d'Alice, le cas échéant, car les femmes, tout le monde sait ça, ne prennent pas seulement des amies pour les aimer. Il faut qu'une amie soit une autre soi-même, — un second dans le duel de la vie tout prêt à se battre pour vous si vous êtes blessée. »

— Voyons, ma belle, dit la comtesse, parlons le cœur sur la main, avez-vous eu des amants ou des amoureux ?

— J'ai eu des amoureux.

— Ce n'est pas répondre à ma question. Est-ce donc un péché mortel que d'avoir aimé ? Moi, je ne me crois pas bien pervertie parce que j'ai eu trois ou quatre amants.

La vérité, c'est qu'Alice n'avait pas eu d'amant, parce que chez elle le sentiment de la résistance avait été plus impérieux que le sentiment de la volupté. Mais devant Mme Kaosoff qui avait couru toutes les aventures, soit que Mlle de Reviers eût peur de la blesser par le spectacle de son innocence, soit qu'elle se trouvât bien sotte de faire le jeu de la novice, elle s'avisa par une vanterie absurde de dire qu'en effet elle avait eu deux amants. Elle transformait ainsi les deux hommes qui l'avaient aimée presque platoniquement en deux triomphateurs de sa vertu.

C'était là une originalité. Les hommes se vantent trop tôt, mais les femmes n'ont pas l'habitude de se dire pécheresses quand elles ne le sont pas ni quand elles le sont. On peut jusqu'à un certain point expliquer les calomnies d'Alice contre elle-même : La misère l'avait mise à bout, elle n'avait plus la force de lutter. Si elle tenait haut le drapeau de son innocence, la comtesse pouvait la renvoyer à sa chambre d'hôtel meublé ; puisqu'elle pressentait sa chute prochaine, elle aimait mieux tomber en belle compagnie, que de tomber comme toutes les filles qui vont prendre le premier venu dans les coulisses des petits théâtres ou dans le troisième dessous.

Si elle avait rougi en parlant de son frère, c'est que ce frère n'était pas son frère. Elle et lui s'étaient connus bien jeunes dans la maison de cette femme qu'elle appelait sa tante. Mais tout en se donnant l'un l'autre le nom de frère et de sœur, ils n'étaient pas de la même famille.

Elle avait vaguement espéré que ce jeune officier d'aventure l'épouserait un jour ; mais combien de vaines espérances avant que les jeunes filles arrivent à l'autel !

La comtesse, en étudiant Alice, lui trouva de trop beaux sentiments.

— Ma belle enfant, vous mourrez de faim.

— Non, je mourrai de mon cœur.

Alice dit cela simplement comme un cri de vérité.

— Oui, oui, reprit la comtesse, je vois bien que vous avez aimé, mais rassurez-vous, le cœur se bronze.

— S'il ne se brise pas !

— Vous reviendrez à de meilleures idées. La vie est gourmande, il faut la nourrir. Voyez autour de vous les jeunes filles du monde, elles ne se donnent pas pour rien, comme vous avez fait : elles se font payer leur dot par l'argent ou le travail du mari. Tout est rude, ici-bas. Celles qui ne luttent pas sont condamnées d'avance à la misère, à l'humiliation, à la douleur. L'argent est bon compagnon, il faut l'avoir pour soi, coûte que coûte.

Alice regarda la comtesse à la dérobée. Le landau remontait alors les Champs-Elysées; elle remarqua que dans cette figure de Mme Kaosoff, il y avait un caractère altier et dominateur. Elle eut quelque frayeur à se sentir sous cette influence, comme l'oiseau qui vole encore, mais qui pressent l'émouchet.

Mais elle réfléchit que la comtesse était pour elle une providence ; depuis quelques mois elle ne trouvait ni à chanter, ni à aimer ; dans ces moments-là on ne choisit pas sa providence.

Aussi ne fit-elle pas de façon pour dîner avec la comtesse. Elle dînait si mal en ce temps-là qu'elle trouva quelque plaisir à cette table savoureuse, au coin du feu de la chambre à coucher. Quoiqu'on fût en plein été, ce soir-là le vent du nord avait apporté le baiser glacial des neiges fondues ; Alice s'égaya devant les flammes joyeuses ; elle dévoila tout le charme de sa nature poétique et ouverte, légèrement égayée d'esprit.

Quand on se quitta le soir, on était en pleine amitié. On s'embrassa. On se serait croqué. Alice promit de revenir le lendemain.

XII

UNE JOLIE JAMBE

E lendemain, Alice revint voir Mme Kaosoff.

La comtesse, qui arrivait du Bois, avait à peine, en s'accoudant à la cheminée, montré au feu la pointe de son pied, que le valet de chambre annonça sa belle amie.

— Ah ! bonjour, dit la comtesse en allant au-devant de la jeune fille.

Alice tendit sa main mal gantée.

— Ma toute belle, pourquoi gardez-vous votre manteau ?

— C'est que je n'ai rien dessous.

Alice prononça ces mots comme à regret, mais

en femme décidée à faire confession de sa misère.

— C'est bien naturel, reprit la comtesse ; voyez-vous, ma chère petite, vous êtes bête comme tout. Asseyez-vous là et laissez-moi vous injurier, ça me fera du bien et ça ne vous fera pas de mal.

— Oh ! tant qu'il vous plaira !

— Voyez-vous, ma toute belle, quand on veut faire son chemin dans le monde, il ne faut pas courir les sentiers du sentiment. Vous êtes romanesque comme un roman de Sandeau ou de Feuillet. On n'arrive qu'en marchant sur les hommes, et pour marcher sur les hommes, il faut que les hommes soient à vos pieds. Or, c'est plutôt vous qui tombez à leurs pieds avec vos beaux sentiments.

La comtesse passa la main sur le manteau d'Alice là où devait être son cœur.

— Prenez-y garde ! vous avez là un tyran qui vous a déjà fait faire bien des sottises. Pour moi, j'ai mis le mien entre quatre murs. Le cœur d'une femme c'est son ennemi.

Alice regarda doucement l'impérieuse comtesse.

— Que reste-il donc à une femme si elle n'a plus de cœur !

— Il lui reste la volonté de bien faire ou de

mal faire. C'est alors qu'elle se sent la force de dominer tous les hommes et de venger toutes les femmes.

Mᵐᵉ de Kaosoff était superbe dans son accent.

La jeune fille fut presque effrayée de cet air tragique. Comme elle connaissait déjà bien les femmes, elle dit à sa grande amie.

— Vous avez donc été un peu piétinée à votre tour?

— Eh bien, oui! répondit-elle en frappant du pied sur le tapis. Ces jours-ci j'ai été tout aussi bête que vous. Mais, n'ayez pas peur, on me payera cher les larmes que j'ai répandues.

La figure de la comtesse respirait la vengeance, les coins de sa bouche se relevaient, l'œil allumé jetait des étincelles, l'amour et la haine se disputaient cette figure expressive.

— Eh bien, reprit Alice, je ne suis pas fâchée que vous ayez eu votre quart d'heure « d'embêtement. »

— Je vous remercie de votre expression tout académique. Oui, j'ai eu mon quart d'heure d'embêtement, mais on me payera ça par un siècle de misères. J'aurai une rude revanche!

Il y eut un silence éloquent. La comtesse ne

voulait plus rien dire, et la jeune fille n'osait pas l'interroger.

Tout d'un coup, Mme Kaosoff, regardant son amie en face, lui dit d'une voix ferme :

— Seriez-vous capable de donner votre âme au diable ?

— Oh! mon Dieu, oui, répondit la jeune fille. Et je ne ferais pas là un grand sacrifice, puisque je crois que le diable a déjà pris mon cœur. Mais expliquez-vous moins mystiquement. Que faut-il que je fasse?

— Non, dit la comtesse, en allant de la cheminée à la fenêtre : vous n'êtes pas trempée dans le Styx. Vous n'auriez pas le courage de faire le mal pour faire le bien.

— Quel mal y a-t-il à faire?

— Non, non, non, n'en parlons plus.

— Parlons-en !

Alice avait pris la main de la comtesse.

— Vous voulez vous venger, je vois bien ça.

— Eh bien, oui, je veux me venger. Oh ! si vous étiez une femme!

— Que me manque-t-il donc ? demanda la jeune fille en se regardant dans une glace de Venise suspendue entre les deux fenêtres du salon.

— Oh ! comme dit M. Scribe, *vous avez tout ce qu'il faut pour écrire*, je veux dire tout ce qu'il faut pour prendre un homme et le conduire jusqu'à la danse de Saint-Gui ; mais vous auriez des larmes à son premier cri d'amour.

— Mais, si je ne l'aimais pas !

— Mais vous l'aimeriez ! car vous n'en faites pas d'autres. Pour moi, l'amour c'est la haine ; pour vous c'est l'amour.

La comtesse regarda son amie du haut de son dédain.

— C'est dommage, reprit-elle, car je pourrais faire votre fortune et mon bonheur.

Mme de Kaosoff souleva avec pitié le méchant manteau d'Alice.

— N'avez-vous pas de honte, belle comme vous l'êtes, de traîner ces guenilles ! On dirait que vous allez donner des leçons de piano ou de langue étrangère.

— Oh ! oh ! dit Alice en reprenant sa fierté, il y a du linge là-dessous ! Et d'ailleurs je suis comme ces grands d'Espagne qui portent un manteau troué : je suis habillée de ma noblesse.

— Oui, parlez-en, cela vous fait une belle jambe.

— Oui, une belle jambe, je m'en flatte.

Alice montra sa jambe pour faire voir qu'elle était bien chaussée quoique mal vêtue.

La comtesse parut quelque peu surprise.

— Eh bien! en vérité, ce n'est pas la peine d'avoir une jolie jambe. Voyons, voulez-vous faire votre fortune?

— Oh! oui, dit Alice en jetant son manteau sur un fauteuil.

Il semblait qu'Alice se dépouillât déjà des loques glorieuses de sa vertu.

XIII

LES DOUCEURS D'UNE LIONNE

LA comtesse lui fit signe de s'asseoir devant elle. A cet instant le valet de chambre annonça un homme célèbre.

— Je n'y suis pas, dit la comtesse.

Mais pour ne pas refroidir un de ses enthousiastes, elle courut à l'antichambre et dit à l'homme célèbre qu'elle irait dîner chez lui.

— Je ne puis pas vous laisser entrer, ajouta-t-elle, parce que j'ai là une jeune fille dont vous seriez tout de suite amoureux.

— Voyons donc cette beauté !

— Non, non, non, je vous ferme la porte au nez.

Elle ferma la porte.

— Et maintenant, dit la comtesse à Alice, écoutez-moi bien : Vous avez ouï parler du comte d'Aubigné, un gentilhomme accompli, trente-deux quartiers de noblesse, brave à la guerre, brave dans tous les duels, duels avec les hommes et duels avec les femmes, chasseur intrépide, musicien charmant, poëte à ses heures, homme d'esprit toujours. Mais quand les fées l'eurent si bien doué, une fée qui n'avait pas reçu de lettre de faire part vint le condamner à un orgueil incommensurable. Il y a bien de quoi, d'ailleurs, puisqu'il en vaut quatre dans son monde de gentilshommes.

— Oui, je connais M. d'Aubigné, murmura Alice; je l'ai rencontré dans le monde un soir que je chantais; ce jour-là j'avais une robe de quatre sous qui me donnait l'air d'une fille de quatre sous.

— Qu'importe, ma chère petite, vous êtes comme ces belles fleurs qui s'épanouissent dans un pot de terre. Il y en a tant d'autres qui sont fanées dans des vases de Sèvres ou du Japon. Et ce jour-là vous a-t-il plu?

— Pas du tout. Il m'a lorgnée d'un air de fatuité qui m'a mis la rage au cœur.

— Bravissima ! Nous sommes d'accord. Nous

le haïssons toutes les deux. Mais jouons bien notre comédie.

— Je ne vous comprends pas.

— Écoutez-moi encore. Mais plutôt, pour commencer, permettez-moi de vous offrir de quoi savoir l'heure. Le temps, c'est de l'argent, même quand on n'a pas le sou, même dans les affaires de sentiment.

La comtesse détacha de sa ceinture une très-jolie châtelaine Louis XVI, en or émaillé bleu avec des sujets peints en couleur, et encadrée de perles fines. Naturellement une montre pendait à la châtelaine, autre bijou comme tous ceux de ces temps-là. Elle était émaillée rose, avec un double cercle en perles fines. Un Cupidon en marquis semblait conduire l'aiguille. Le miniaturiste avait peint sur le revers le temple de l'Amour où venaient s'agenouiller des prêtresses imperceptibles.

— Oh ! comme c'est joli ! s'écria Alice avec joie.

— Oui, n'est-ce pas ? dit la comtesse. Je l'aime d'autant plus, cette montre, que je ne sais pas qui me l'a donnée; car, pour moi, un cadeau qui rappelle un homme est à moitié gâté : je n'ai pas le culte du souvenir. Vous connaissez ma devise. — *En avant !* — Toujours en avant !

La comtesse avait mis la montre à la ceinture de Mlle de Reviers.

— Voilà qui est à vous, ma belle enfant ; gardez-la toujours, cette montre que j'aimais. Quoi qu'il arrive, ne nous brouillons jamais. On ne se brouille que pour les hommes, et les hommes n'en valent pas la peine. Quand vous regarderez l'heure loin de moi, rappelez-vous que j'ai eu pour vous une effusion comme pour ma sœur.

La comtesse faillit dire :

— Comme pour ma fille.

Elle s'étonna d'être devenue si tendre :

— Vous avez fait un miracle, car je ne suis pas prodigue des battements de mon cœur.

La comtesse embrassa Alice, qui était touchée profondément de cette préface d'une belle amitié.

Mlle de Reviers ne se doutait pas que Mme de Kaosoff lui donnait la mort dans son baiser.

— Et maintenant, reprit la comtesse, continuons notre causerie. S'il vous arrive un jour d'être malmenée par un homme, je serai là pour venger votre dignité. C'est aux femmes à gouverner le monde ; aux hommes à obéir. Rappelez-vous votre histoire : Hélène et Cléopâtre dans l'antiquité, Diane de Poitiers et la marquise de Pompadour dans le monde moderne, pour ne citer que quatre diables-à-quatre. C'est notre exemple éternel. Les femmes ne sont des femmes que si elles prennent le pas sur les hommes. Il faut laisser aux couturières en chambre les niaiseries du sentimentalisme. Qu'elles soient amoureuses et qu'elles se précipitent à la Seine, ce n'est pas notre affaire, à nous qui jetons un éclat de rire à toutes les miévreries du cœur et à toutes les larmes des éplorées.

Mlle de Reviers, qui jusque-là n'avait qu'à se plaindre des hommes, trouvait que la comtesse parlait d'or ; elle applaudissait du regard, elle était tentée de battre des mains.

Mme Kaosoff regarda doucement Alice.

— Belle comme vous l'êtes, vous avez été abandonnée quand vous aimiez encore...

— Oui, répondit Alice. Quoique très-capricieuse, je suis lâche dans ma passion. Ne vous l'ai-je pas dit ? j'ai eu un second amoureux, sans pour cela me détacher du premier. Je n'aime pas dans la vie les choses qui se brisent, j'aime les choses que je casse.

— A la bonne heure, vous êtes comme moi ; nous nous comprenons. Eh bien, sachez donc qu'à peine arrivée à Paris, dans tout le prestige du nouveau et de l'inconnu, je me suis donnée comme la première ou la dernière venue à ce comte d'Aubigné, qui passe pour un Don Juan et qui n'est qu'un fat...

Mme Kaosoff éclata dans sa colère :

— Et en me donnant j'ai tout donné, ma raison, mon esprit, mon cœur, et le reste. J'ai tout mis sur cette carte maudite. Eh bien ! j'ai tout perdu, jusqu'à ma dignité ! Il a osé me planter là au bout de vingt-quatre heures, comme s'il eût affaire d'une fille patentée. Je n'ai pas à vous dire ce que j'ai souffert et ce que je souffre encore ; tout en moi se révolte, mon cœur bondit de fierté, mon âme s'indigne jusqu'à la vengeance. Oui, je me vengerai !

En jetant ces derniers mots d'une voix terrible, la comtesse s'était approchée d'une console où étaient éparses quelques photographies. Elle aperçut celle de M. d'Aubigné, elle donna sur le marbre un coup de poing si violent, — une main délicate, mais une main d'acier, — que le marbre fut brisé.

— Sur ce marbre brisé, reprit-elle, je jure que je me vengerai.

— Mais comment ? lui demanda Alice avec une angélique douceur qui faisait contraste aux colères déchaînées de la comtesse.

— C'est peut-être vous qui me vengerez ; si ce n'est pas vous, ce sera une autre ; car il me faut une femme pour cette belle action.

— Une femme, pourquoi ?

— Parce qu'une femme, si celle-là est mon amie, fera subir à ce d'Aubigné la peine du talion.

— Si c'est un fat, il ne se prendra qu'à moitié, quelle que soit cette femme, c'est-à-dire qu'il ne souffrira d'être dédaigné que l'espace d'un cigare. Un peu de fumée de plus ou de moins.

— Alors, vous n'avez pas confiance en vous ! Vous ne savez donc pas qu'un homme n'aime pas à moitié quand il aime. J'en ai vu de plus fiers que lui mourir de mon abandon.

— Je n'en doute pas, parce que vous êtes une magicienne.

— Or, ma belle enfant, voilà où j'en voulais venir. Le comte d'Aubigné m'a traitée en écolière, je veux une revanche ; si ce n'est par moi-même, il faut que ce soit par vous. Vous me comprenez ?

— A moitié seulement. Comment voulez-vous que j'aie de l'action sur cet homme qui joue les invincibles?

— Vous aurez de l'action sur lui, parce qu'il deviendra éperdument amoureux de vous.

— Et par quel miracle?

— Ne doutez donc pas de vos forces !

La comtesse prit par la main la jeune fille et l'entraîna devant un miroir.

— Regardez-moi donc ça. S'il n'y a pas là une charmeuse, j'y perds mon français.

Mlle de Reviers ne voyait que sa robe de quatre-vingt-quinze francs.

— Eh bien, j'ai peur que vous n'y perdiez votre latin.

— Parce que vous êtes assez bête pour vous imaginer que c'est la robe qui fait la femme, comme l'habit fait le moine. Mais, d'ailleurs, ne vous inquiétez pas de votre toilette d'occasion. Nous irons tout à l'heure chez Mme Laferrière, qui, en l'espace de vingt-quatre heures, vous aura métamorphosée; car vous avez raison, après tout : un tableau qui n'a pas un beau cadre n'est jamais un tableau de maître.

XIV

LE CONTRAT DU DIABLE

Le nom de Mme Laferrière avait chatouillé agréablement la vanité de la jeune fille, car c'était pour elle le fruit défendu. Entrer dans ce petit musée du velours et de la soie, c'était rouvrir la porte du paradis. Ève, aujourd'hui, aurait bien de la peine à se contenter d'une feuille de figuier.

Jusque-là Alice avait vécu dans ses deux passions sans aspirer au luxe, tant l'amour lui tenait lieu de tout. Mais désormais elle voulait être belle.

— Et quand je serai habillée aussi bien que vous, reprit Alice, comment m'y prendrai-je pour conquérir M. d'Aubigné ?

— Grande sotte ! je vous mettrai sur son chemin.

— Et après ?

— Vous lui ferez un sourire et une grimace, vous direz beaucoup de bien de lui et beaucoup de mal de lui. S'il vous parle, vous ne l'écouterez pas.

— Et s'il ne me parle pas ?

— Vous l'écouterez. Mais nous perdons notre temps aux bagatelles de la porte. Êtes-vous prête à signer un contrat avec moi ?

— Tout ce qu'il vous plaira.

La comtesse entra dans sa chambre et apporta une feuille de papier; puis, prenant dans son carnet un petit crayon, elle écrivit comme si c'était un jeu, mais pourtant avec la gravité d'un notaire :

ARTICLE I

« Mlle de Reviers n'aura, pendant un an et un
« jour, qu'une seule volonté, celle de la com-
« tesse Kaosoff.

ARTICLE II

« Elle obéira aveuglément à tous les comman-
« dements de celle-ci.

ARTICLE III

« Elle fera bon marché de son cœur si, par mé-
« saventure, elle devenait amoureuse.

ARTICLE IV.

« La comtesse de Kaosoff s'engage à donner à
« Mlle de Reviers trois mille francs par mois,
« pour sa voiture, ses robes et sa maison.

ARTICLE V

« La comtesse laissera, d'ailleurs, toute liberté
« à Mlle de Reviers, en dehors des comédies en
« action qu'elle lui fera jouer dans le monde.

« Fait double entre les soussignées. »

Et la comtesse signa.

— Voulez-vous signer cela, ma belle? Son-
gez-y bien, c'est sérieux.

Mlle de Reviers eût signé pour moins. Elle se
sentait perdue, quoi qu'elle fît; elle aima mieux
rouler carrosse que de traîner sa misère.

Elle signa.

— Prenez garde, dit la comtesse avec un sourire ironique et pénétrant, donnant, donnant.
Moi, je donne l'argent, l'argent c'est Dieu!

Alice pâlit à ce blasphème.

— Vous, continua Mme Kaosoff, vous donnez votre âme au diable, comme on disait quand on croyait au diable et à l'âme.

— Mais j'y crois, dit Alice en relevant la tête.

— Si vous y croyez tant que ça, déchirons ce contrat, car je ne veux pas que vous veniez un jour me parler de repentir. Une fille de race, comme vous, n'a que sa parole.

Et prenant la main d'Alice :

— Oui ou non, voulez-vous être une femme forte et faire fortune, ou rester une niaise sentimentale et crever de misère?

Alice voulut sonder du regard l'abîme où elle se jetait, mais elle eut beau se pencher sur le précipice, elle ne vit miroiter sous ses yeux que les images de la vie luxueuse. Trois mille francs par mois, c'était son rêve. Mille francs pour sa maison, mille francs pour ses robes, mille francs pour sa voiture. Elle aurait une cour, elle serait adorée. Que pourrait-il donc lui arriver de fâcheux, sur cette route entraînante? Un pli de rose, tout au plus. Que pourrait exiger la comtesse? Qu'elle fût cruelle à ceux qui avaient trahi ou dédaigné Mme de Kaosoff. Que de femmes sont cruelles pour rien! pourquoi ne le serait-elle pas un peu pour trois mille francs par mois?

— C'est dit, murmura-t-elle en embrassant son amie.

— Alors, c'est comme si le notaire y avait passé. Je vais faire atteler, nous irons chez Mme Laferrière; — après quoi vous dînerez avec moi, après quoi ce soir même nous ferons quelque esbrouff à l'Opéra.

La comtesse était si contente de tenir sous sa main une femme qui jouerait avec elle beau jeu, bon argent, qu'elle fut généreuse jusqu'au bout.

Elle détacha de ses oreilles de jolis pendants, solitaires montés à griffes, avec des chutes et pendeloques de petits diamants.

— Le contrat, ma belle amie, est pour un an et un jour ; le jour doit être payé comme un mois; ce n'est pas au contrat, mais je suis heureuse de vous offrir ces pendants d'oreilles; ne vous faites pas d'illusion, d'ailleurs, car cela vaut à peine trois mille francs.

Alice, qui se croyait dans un conte de fée, avait rougi de plaisir.

— Oh ! j'espère bien, continua la comtesse, que dans un mois le comte d'Aubigné vous en donnera de plus beaux, car il a encore des diamants de famille qui attendent une occasion.

On monta bientôt dans le coupé, pour aller chez la couturière.

Alice était confuse de se présenter dans le salon d'une telle fée en l'accoutrement où elle était.

— Vous direz que j'arrive de voyage, dit-elle à son amie.

— N'ayez pas peur, quand on s'appelle Mlle de Reviers, on est déjà habillée, comme vous l'avez dit, par son blason.

XV

LES PASSIONS ET LES AFFAIRES

Il y a de bonnes gens qui s'étonnent sans doute de voir la comtesse Kaosoff s'engager à donner trois mille francs par mois à Mlle de Reviers, sans parler de ses menus plaisirs.

C'est pourtant bien naturel quand on connaît un peu la dame ; ce n'était certes pas par bonté de cœur, puisqu'elle en était arrivée à cette période de la haute vie galante où ces deux mots n'ont plus cours ; Mme Kaosoff faisait une affaire.

Il en est qui placent de l'argent sur les fonds turcs ou sur les mines du Pérou, la comtesse plaçait son argent sur Alice.

Outre que ce placement était plus sûr, Mme Kaosoff avait encore le plaisir de se venger. Les femmes fortes mènent toujours de front les passions et les affaires.

Et d'ailleurs on sait ce que vaut un pareil traité. Au-dessus de ces signatures, s'il y avait une dupe, ce n'était pas Mme Kaosoff. Elle s'engageait à donner trois mille franc. par mois pendant un an et un jour, mais au bout du premier mois qui sait si le tour ne serait pas joué!

Voyons le tour qu'elle veut jouer.

XVI

UN COUP DE SOLEIL A L'OPÉRA

 PARTIR de ce moment-là, Alice eut la fièvre.

Et, comme dans les légendes, pendant un an et un jour elle aurait eu la fièvre, si le contrat n'eût été déchiré par une catastrophe.

Le soir, à l'Opéra, Alice fut un coup de soleil. Sa robe improvisée, — un nuage blanc doré et pourpré, — un miracle des fées de l'aiguille, était enfin digne de sa beauté jusque-là méconnue.

La comtesse ne fut pas peu surprise de voir entrer dans sa loge le comte d'Aubigné, qui avait juré de ne plus la revoir. Mais il s'était pris, malgré lui, à ce joli miroir aux alouettes, qui s'appelait Mlle de Reviers. Tout l'Opéra était en révolution, tant est grande la force de l'inconnu.

— Quelle est donc cette adorable jeune fille?
— D'où vient-elle?
— Est-ce une Parisienne?
— Est-ce une étrangère?
— Il me semble que je l'ai déjà vue?
— N'est-ce pas une quasi-cantatrice.
— Non, non, c'est une nouvelle figure.
— Pourquoi diable est-elle avec la Kaosoff?
— Est-ce que c'est sa sœur?

Naturellement, le comte d'Aubigné, qui ne voulait jamais être étonné de rien, qui avait l'habitude de répondre à tout et qui aimait les femmes de première main, à l'inverse de ceux qui ne les aiment que couvertes de signatures comme les billets à ordre, se précipita, coûte que coûte, vers la loge de sa ci-devant amie, résolu d'affronter tous les orages.

— Je crois que vous vous trompez de porte, lui dit froidement la comtesse.

— Non, non, répondit-il sans avoir l'air de regarder Alice, je mourais d'ennui de ne plus vous voir, ma chère Julia.

— Décidément, vous perdez la tête. Quoi! vous me tutoyez presque, en m'appelant par mon nom de baptême.

— Ne sommes-nous pas des amis?

— Oh! moi, je suis votre plus mortelle ennemie.

— Prenez-y garde, cela prouverait que vous m'aimez.

— Mon cher comte, vous n'êtes pas capable de démêler l'amour de la haine, car vous n'avez dans le cœur ni haine ni amour. Je crois même, entre nous, que vous n'avez pas de cœur.

Le comte s'était assis sans se désarçonner.

— Est-ce que mademoiselle, ici présente, entend le français?

— Oh! mon Dieu, oui. Elle comprend M. Dupanloup comme M. Littré.

— Eh bien! tant pis pour vous, car elle doit trouver que vous ne parlez pas français; mais vous êtes si belle, que vous avez le droit de tout dire.

— Vous voulez dire si bête.

— Ça! non, car vous en remontreriez à Dumas et à sa future *Étrangère*.

— Je sais bien que je suis pour vous une étrangère, mais tout le monde me salue Parisienne.

— Je ne veux pas pour cela dire du mal de vous, vous avez tout le charme de la Parisienne, mais vous avez toute la saveur de l'Étrangère.

Alice ne disait toujours pas un mot. Le comte s'impatientait de ne pas voir la couleur de ses paroles. Il s'imaginait qu'il avait réussi à adoucir cette lionne superbe qui s'appelait la comtesse Kaosoff.

Quoique très-contente qu'il fût venu dans sa loge, elle était furieuse à la pensée qu'il ne fût pas venu si elle avait été seule.

« C'est égal, se dit-elle dans ses belles dents, ma vengeance est commencée. »

Un autre visiteur apparut sans que le comte lui cédât sa place ; un troisième survint. On causa de choses et d'autres, même de l'Opéra. C'était à qui dirait le plus de bêtises pour avoir de l'esprit. Aussi la comtesse leur demanda bientôt quand ils auraient fini de lire leur journal du soir, tant ils tourmentaient les mots connus.

Alice triomphait dans son silence. On avait beau faire le siége, elle semblait à mille lieues de là.

Les visiteurs demandèrent à lui être présentés.

— Ce n'est pas la peine, dit Mme de Kaosoff, mon amie est ici incognito; elle part demain, vous ne la verrez plus.

C'était bien joué.

Comment ne pas désespérer des adorateurs, comment ne pas leur donner tout de suite la rage de l'amour en leur disant : « Vous voyez bien cette belle créature, qui efface toutes les femmes de la galerie et de l'amphithéâtre, maintenant que vous l'avez admirée et qu'elle vous va au cœur, vous ne la verrez plus jamais ! »

— Je suppose, dit le comte d'Aubigné, que mademoiselle ne partira pas demain par le train du matin.

— Je suppose, dit la comtesse, que vous n'avez pas la prétention d'aller à son petit lever, comme vos ancêtres, chez les duchesses de Versailles.

— Pourquoi pas! dit le comte, avec son impertinence accoutumée.

— J'attendais cette réponse, mais sachez que mademoiselle est une simple voyageuse qui n'a pas de ruelle.

— Et vers quel pays privilégié se dirigera cette adorable comète ?

— Soyez donc plus respectueux; c'est une

jeune fille qui retourne chez elle. Je ne vous dirai pas où, parce que vous iriez.

— J'irai bien sans cela.

— Chut, vous dites trop de bêtises. Voilà le troisième acte qui commence, allez-vous-en bien vite tous les trois.

Ils saluèrent.

Alice sembla ignorer que le salut fût surtout pour elle.

Quand la porte fut refermée, la comtesse lui dit :

— Vous avez été parfaite dans votre silence. Et moi ? trouvez-vous que j'aie bien engagé cette partie !

— Oh ! oui, dit Mlle de Reviers. Si j'étais coquette, j'aurais demain trois amoureux, mais après-demain vous me les prendriez.

XVII

LE PLUS AMOUREUX DES TROIS

Pendant le dialogue de ces dames, les trois compères un peu désappointés s'avouaient qu'ils avaient perdu leur temps.

— Qui sait ! dit le comte d'Aubigné. On ne connaît jamais les femmes.

A minuit, quand les deux amies descendirent le grand escalier, elles eurent une double haie d'admirateurs.

Il y eut bien quelques railleries jetées sur leur passage, mais ce fut surtout un concert d'enthousiasmes.

La couturière avait eu l'art d'improviser pour Alice une robe blanche toute diamantée, toute garnie de valenciennes et de rubans, une merveille qui relevait encore la beauté somptueuse de Mlle de Reviers.

Aussi marchait-elle avec la nonchalance orgueilleuse d'une Orientale qui a reçu le mouchoir.

Fût-ce par un jeu de coquetterie qu'elle laissa tomber son éventail? Elle savait bien qu'elle n'aurait pas la peine de le ramasser. En effet, deux jeunes gens se précipitèrent, mais dans leur transport ils ne purent lui en rendre chacun que la moitié.

Elle sourit de son charmant sourire.

— Je vous rends grâce, messieurs.

Le lendemain, elle eut deux éventails pour un.

En sortant de l'Opéra, comme les deux amies montaient en voiture, le comte d'Aubigné tendit la main à la comtesse.

— Sans rancune, lui dit-il.

— Qui est-ce qui pense à vous! lui répondit-elle en retirant sa main.

Ce qui n'empêcha pas ces messieurs de se dire en se tordant la moustache : « Ce diable de d'Aubigné est un traqueur de premier ordre. Il sait prendre les femmes comme les autres se laissent prendre. »

— Eh bien ? lui demanda-t-on quand le coupé fut parti.

— Eh bien ! répondit-il avec fatuité, demain, je voyagerai.

Or, le lendemain, il se contenta d'écrire ce mot à la comtesse :

« Ma belle amie,

« Vous imaginez-vous que je me laisserai battre
« à la première passe d'armes? Vous êtes une
« vaillante épée dans tous ces duels de l'amour,
« je sais parer les coups, mais je m'avoue vaincu.
« Signons la paix ; donnez-moi à dîner aujour-
« d'hui. Si par hasard votre jeune amie est encore
« avec vous, elle ne me gênera pas. Je suppose
« qu'on peut vous aimer un peu sans l'effarou-
« cher.

« Je baise vos griffes roses.

« LE COMTE D'AUBIGNÉ. »

Mme Kaosoff envoya chercher Mlle de Reviers à l'hôtel Meyerbeer.

— Tout justement, dit la jeune fille, je venais

vous voir; j'ai couru ce matin pour trouver un petit hôtel aux Champs-Elysées ; je crois que j'ai mon affaire : un nid d'amoureux perdu dans les arbres, un vrai paradis! Il n'y manquera qu'Adam, je crois même qu'il y a un pommier.

— Le serpent siffle déjà, dit la comtesse, lisez plutôt cette lettre.

Alice lut tout haut la lettre du comte d'Aubigné.

— Il ne faut pas être bien malicieuse pour voir ce qu'il veut.

— Oui, il s'imagine que je suis une bonne bête et que je donne là dedans. J'étais bien sûre qu'il prendrait feu en vous voyant. Mais vous ne serez pas si sotte que moi. Vous ne lui tomberez pas dans la main comme une fraise mûre. Si vous me promettez d'être bien sage, je lui permettrai de venir dîner. Je vous laisserai même un quart d'heure avec lui. N'allez pas perdre la tête : faites-lui comprendre par votre haut dédain qu'il se heurte à l'inaccessible. Ce n'est pas en un jour qu'il montera au diapason; il vous faudra attiser la flamme pendant tout un mois.

— Et après ?

— Quand il sera bien incendié, nous verrons.

Le dîner fut charmant. La comtesse cacha ses griffes roses et ne montra pas ses dents de louve. Elle se masqua d'un vague sourire pour que le comte ne s'aperçût de rien. Elle était trop fière pour ne pas faire semblant d'être encore aimée par cet homme qui ne l'avait jamais aimée.

Alice, qui commençait à prendre pied dans la grande vie, jeta de fort jolis mots dans la causerie. Naturellement M. d'Aubigné la trouva plus charmante encore; il s'indignait à chaque instant qu'une si belle créature ne fût pas pour Paris, c'est-à-dire pour lui.

— Si j'étais le chef du gouvernement, je vous obligerais, mademoiselle, à force de prières et de chatteries, à être citoyenne de notre République. La République ne durera en France que s'il y a beaucoup de citoyennes comme vous.

Quand la comtesse eut servi le café à la turque, comme cela se pratique dans les meilleures maisons, elle s'éloigna sous je ne sais quel prétexte. Le comte d'Aubigné, qui avait le génie de ne pas perdre de temps, même quand il perdait son temps, débita tout son vocabulaire amoureux : Il n'avait pas dormi de la nuit Il était transporté dans une nouvelle existence. Jusque-là, il n'avait point aimé. Mlle de Reviers était le symbole de toutes ses aspirations. Il ne reconnaissait plus ni son cœur ni son âme. C'était comme une révélation. Il donnerait sa vie pour passer une heure aux pieds d'Alice. En un mot, toutes les phrases qui tombent devant les femmes comme des roses fanées, dont elles respirent pourtant les parfums.

— Je suis touchée de vos adorations, dit Alice d'un air railleur, mais je n'ai qu'en faire, en vérité. Ce n'est pas pour être aimée que je suis venue à Paris. Vous avez ici, à ce qu'on me dit, inventé l'amour à la vapeur. Pour vous, un jour c'est un siècle ; pour moi, l'amour c'est toute la vie.

— Eh bien, je vous le dis encore, toute ma vie pour un mot tombé de vos lèvres.

— Oui, mais ce mot, je ne le dirai pas !

— Je sais bien que nous nous donnons tort par notre manière de traiter les femmes à la hussarde, mais quelles femmes !

Alice regarda en face M. d'Aubigné.

— Je suppose que vous ne voulez pas parler de la comtesse.

— Oh ! la comtesse, ce n'est pas une sentimentale. Elle se moquerait bien de ceux qui l'aimeraient à la Werther. Mais je ne jette pas de pierres dans son jardin, car je n'ai pas de pierres assez précieuses ; vous savez que cette fière amazone n'aime à se baigner que dans les rivières de diamants.

— Lui auriez-vous donné un de ces bains-là ?

— Non, j'attends une plus belle occasion pour pêcher des perles. Mais je ne vous dis que des bêtises ; ah ! c'est que vous me faites tourner la tête. Je vous aime follement depuis hier.

Alice regarda l'heure à sa montre, la montre de la comtesse.

— Tiens! s'écria-t-il, il me semble que je reconnais cette montre-là.

— Oui, la comtesse me l'a donnée.

M. d'Aubigné pensa que puisque la comtesse, qui n'était pas précisément une femme de haute vertu, donnait quelque chose à cette jeune fille, c'est qu'Alice n'était pas inaccessible. Il s'enhardit jusqu'à lui baiser le bras.

Elle s'offensa, mais il lui dit :

— C'est ma manière de baiser chevaleresquement la main : pardonnez-moi, parce que je vous aime, je vous aime ! je vous aime !

— Il y a déjà vingt-quatre heures, dit Alice,

regardant toujours sa montre; dans vingt-quatre heures, m'aimerez-vous encore?

— Dans vingt-quatre siècles!

— Vous m'effrayez, car je vous vois d'ici dans vingt-quatre siècles : vous seriez le Juif errant de l'amour.

— N'allons pas si loin ; mais ne me désespérez pas! Pourquoi aller vous perdre dans votre pays quand vous seriez ici la femme de toutes les adorations? Promettez-moi de ne pas partir demain.

Mme Kaosoff, qui naturellement écoutait aux portes, rentra sur ce mot.

— Vous voulez l'épouser! dit-elle au comte, en lui voyant tenir la main d'Alice.

— Je ne me souviens plus, dit-il, si je ne suis pas marié, mais je consens à être bigame pour épouser Mlle de Reviers.

— Oui, dit Alice, mais moi, qui ne veux pas plaider dans six semaines en séparation de corps, je ne veux pas me marier à Paris.

— L'amour est plus sacré que le mariage, reprit le comte

— Je sais bien que pour vous le mariage n'est pas d'institution divine.

On débita beaucoup de paradoxes, jusqu'au

moment où la comtesse fit remarquer à M. d'Aubigné qu'il était l'heure d'aller se coucher. Il aurait bien voulu reconduire Alice à l'hôtel Meyerbeer, mais Mme de Kaosoff lui dit qu'elle accompagnerait son amie.

— Je veux au moins, dit le comte, aller dire adieu demain à Mlle de Reviers, ne fût-ce qu'au chemin de fer.

— Rassurez-vous, lui dit la comtesse, mon amie ne partira pas encore demain.

XVIII

LA PORTE ENTR'OUVERTE.

Le lendemain, Mlle de Reviers prit pied dans le petit hôtel des Champs-Élysées. C'était une maisonnette à l'italienne, dont la façade ne frappait pas beaucoup les yeux. On ne la voyait d'ailleurs qu'à travers les arbres. Mais le perron avait grand air. L'intérieur, par ses tentures et son ameublement, indiquait l'amour du style, quoiqu'on eût un peu brouillé Louis XV avec Louis XVI. Il y avait surtout un petit salon japonais d'un éclat merveilleux.

Cet hôtel avait été meublé par une femme à la mode qui passait tous ses hivers à Nice, je veux dire à Monaco.

Elle ne venait à Paris que trois mois d'été. Le reste du temps elle tenait son hôtel en bonne ménagère qui ne veut pas payer elle-même les contributions et qui croit qu'un hôtel habité par les gens se conserve mieux qu'un hôtel livré aux bêtes. Cinq cents francs par mois, c'était pour rien! car il y avait là un vrai luxe caché. La salle de bains à la turque avait coûté dix mille francs pour les revêtements en onyx. Il faut dire que l'hôtel était tout petit; deux amants pouvaient s'y trouver bien, mais la vie à trois, si familière à Paris, y eût été impossible.

Alice fut tout heureuse de n'être plus dans cet hôtel Meyerbeer, où elle ne trouvait pas une heure de silence, elle qui aimait à rêver.

— N'est-ce pas, dit-elle à Mme de Kaosoff, que je serai heureuse, ici?

— Heureuse! heureuse! dit la comtesse, voilà un mot que les femmes disent souvent, mais elles en parlent par ouï dire! Après cela, reprit-elle, on porte le bonheur en soi. Pour moi, je suis insatiable : il me faudrait le Louvre.

— Avec les magasins du Louvre par-dessus le marché, dit en riant Alice.

Dès qu'elle fut seule, elle passa en revue toute la maison, avec une vraie joie enfantine.

« Ah ! si c'était à moi, dit-elle, l'hôtel comme les meubles. Mais, après tout, la vie est un voyage; il ne faut pas trop s'attacher aux choses qu'il faut quitter. »

Elle enviait pourtant cette fille, qui avait tout à la fois une maison à Monaco et une maison à Paris.

« C'est bon d'être chez soi; si j'ai un jour assez d'argent, je me payerai ce luxe-là. »

Comme elle redescendait dans le petit jardin, elle aperçut M. d'Aubigné qui, se soulevant sur ses pieds, montrait la moitié de sa figure au-dessus des volets de la grille.

— Je ne veux pas qu'on lui ouvre, dit-elle.

Mais, comme il l'avait vue, elle alla lui ouvrir elle-même, en songeant qu'il fallait être brave.

— Que diable faites-vous ici, mademoiselle?

— Oh ! je comprends, vous êtes désappointé, car vous veniez pour trouver Mlle de Trois-Étoiles. Vous ne savez donc pas qu'elle est retournée à Monaco ?

— Je ne venais pas du tout pour voir Mlle de

Trois-Étoiles; j'ai ma police, je suis bien informé, je viens ici parce que vous y êtes.

— Oui, mais je ne reçois pas. La comtesse vous a dit que j'étais à Paris incognito.

— Oui, vous êtes une personne bien mystérieuse.

— Eh bien, laissez-moi mon nuage et allez-vous-en.

— Non certes, vous ne me mettrez à la porte que si vous me donnez un rendez-vous. Et puis je veux avoir le temps de réjouir mes yeux. C'est si beau de vous voir.

— Un de mes adorateurs m'a dit que cela donnait le vertige.

— Oui, mais les amoureux sont comme les ivrognes. Quand Alfred de Musset buvait de l'absinthe, ce n'était pas pour l'absinthe, c'était pour le vertige.

— Oh! si vous me parlez de Musset, je suis vaincue.

— C'est mon poëte.

— Moi j'en ai deux, car j'adore Victor Hugo, si j'aime Musset.

— Oui, le soleil et la lune; les autres ne sont que des étoiles.

Le comte avait eu l'art de refermer la grille.

— Je ne suis pas exigeant, je ne demande qu'à être reçu *extra-muros*. Je m'arrêterai au perron.

— Mon jardin est si petit, qu'on est au perron quand on a fermé la grille : allez-vous-en.

On continua à causer à la mode parisienne, mêlant beaucoup de raillerie au sentiment.

Alice surtout jetait de l'eau sur le feu. Elle avait peur que le comte allât trop vite et trop loin.

Elle avait juré à Mme Kaosoff que pendant tout un mois elle tiendrait M. d'Aubigné à distance très-respectueuse.

Or, il s'était bien approché, depuis moins de quarante-huit heures.

S'il marchait de ce train-là, elle jugeait qu'il lui faudrait une bien rude vertu pour l'empêcher de manquer le train de l'amour.

XIX

CORNILLAC PAR-CI, CORNILLAC PAR-LÀ.

Peut-être, après tout, Alice eût-elle permis à M. d'Aubigné de monter le perron, si on n'eût indiscrètement entr'ouvert la grille : C'était l'inattendu Cornillac. « Que le diable l'emporte ! » pensa M. d'Aubigné.

Cornillac était déjà devant Mlle de Reviers ; il la salua à deux reprises avec une désinvolture toute méridionale.

— Je comprends, dit-il, que mon ami s'oublie ici, mais je ne le perds pas de vue, et j'arrive toujours à temps.

— Oui, comme un chien dans un jeu de quilles, dit M. d'Aubigné.

— Vous voyez, mademoiselle, avec quelle bonne grâce il m'accueille; s'il y avait encore des souffre-douleur, je serais le sien. Si vous voulez un tyran, vous n'avez qu'à prendre celui-là.

Le comte regarda son ami d'un air hautain et railleur.

— Tu sais que nous ne t'avons pas demandé de conseils, mademoiselle pas plus que moi.

Cornillac monta comme la tempête.

— Eh bien! alors à quoi suis-je bon? S'il n'y a plus d'amitié, parle! Me prends-tu pour ton valet de chambre?

— Je te prends pour l'ami le plus agaçant qui soit au monde.

— Oui ou non, m'avais-tu dit que nous allions au bois ensemble?

— Eh bien! moi je suis au bois sous cet arbre; toi, va-t'en au lac.

— Tu voudrais bien me mettre à la porte. Mes aïeux, dans ce cas-là, disaient *sortons*.

— C'est qu'ils étaient plusieurs, et moi je suis tout seul, mais si tu veux des témoins, je t'en enverrai demain matin.

Mlle de Reviers essaya de les calmer par son doux sourire.

— Je vais vous mettre d'accord, messieurs, en vous disant : Je vais sortir moi-même. Adieu donc.

M. d'Aubigné cachait sa fureur en homme de bonne compagnie, mais il malmena quelque peu Cornillac en l'entraînant au dehors.

— Tu es un âne, lui dit-il quand ils furent dans l'avenue.

Puis, se calmant tout à coup.

— Tu sais que nous dînerons à la cascade.

On a déjà dit qu'il n'y avait point de dîner amusant sans Cornillac. Ce jour-là on devait être douze, six hommes et six femmes. M. d'Aubigné voulait que son ami « engueulât » tout le monde ; rien n'était plus favorable à sa digestion, que les spirituelles invectives de Cornillac.

— Je te vois venir, dit Cornillac, qui n'avait de sa vie dit un mot gracieux. Tu m'invites pour ne pas être treize.

— Mais non, animal à quatre pattes, nous ne serons que douze en te comptant. Tu auras en face de toi la *Taciturne*.

— Pourquoi me donner une pareil vis-à-vis ? Je ne veux pas voir cette fille en face.

— Eh bien ! tu la verras en peinture puisqu'elle est peinte.

Le reste de la conversation se perdit dans le bruit des chevaux.

Quand la grille fut refermée sur M. d'Aubigné, d'où vient qu'Alice sentit sa solitude ? Il y a une heure elle la voulait, maintenant elle trouvait la solitude refroidie. Mais elle ne se rendit pas compte de l'état de son âme.

Pourtant, à force de tourner autour de la pelouse en miniature de son jardinet, elle finit par se dire avec quelque inquiétude :

« Si j'allais l'aimer ! »

Elle se prouva par les plus beaux raisonnements que c'était impossible.

« Et d'ailleurs, se dit-elle, je n'ai pas le droit de l'aimer ! »

XX

RÊVERIE AU BORD DE L'ABIME.

Quoique Alice ne fût pas à sa première passion, elle ne savait rien de son cœur. Les amoureux sont comme le sonneur qui est assourdi, mais qui n'entend pas la cloche. Les femmes qui prennent feu sont quelques jours sans reconnaître qu'elles brûlent. Alice se laissa donc prendre par l'amour du comte d'Aubigné sans y penser et sans y croire. Pourquoi l'aimerait-elle? Il n'était pas dans la région de son idéal; il n'avait pas la figure rêvée; il n'avait pas l'esprit qui sympathise; il ne paraissait ni tendre, ni sérieux; non pas que Mme de Reviers cherchât un paladin ou un Werther; mais jusque-là, elle ne s'était passionnée que pour l'esprit et l'esprit avait pour ainsi dire pris le cœur. M. d'Aubigné avait le sentiment des arts, mais il passait pour un de ces mondains qui n'ont pas une heure à donner à l'étude, qui ont des amours et pas d'amour.

Nul homme n'est maître de sa destinée, nulle femme n'est maîtresse de son cœur.

Ce fut parce que M. d'Aubigné ne ressemblait pas à ceux qu'elle avait aimés, qu'il s'imposa plus victorieusement dans l'âme d'Alice. Elle entrait, par lui, dans un monde nouveau : le monde qui fait de la poésie et de l'art en action, le monde qui se répand au dehors, qui fait le tapage, sinon la renommée ; en un mot le monde qui est la mode.

Mlle de Reviers se trouvait donc transportée dans un tout autre monde. Et elle sentait déjà l'attrait de l'inconnu et de l'imprévu. On ne refait pas toujours le même livre dans la vie. Si l'amour ne changeait pas de masque, il ne serait plus l'amour.

En songeant à sa vie passée, Alice s'étonna de la trouver un peu monotone ; elle avait cru aux passions sempiternelles, elle commençait à revenir de ses premières illusions.

Et puis, il faut bien le dire, tout idéaliste qu'elle fût, elle se rattachait à la terre par la question d'argent. Elle avait trop souffert de n'en avoir point ; rien ne fatigue la femme comme la lutte contre la misère. Alice en avait assez de ses premières batailles de la jeunesse. Puisque Dieu l'avait faite belle, c'est qu'il l'avait destinée aux joies de la vie. A quoi bon s'éterniser dans les petits rôles, quand on peut jouer les grands rôles! Les trois mille francs par mois que lui promettait la comtesse, ne devaient pas durer toujours. Qui sait si un homme comme le comte ne lui ferait pas à son tour une liste civile quand Mme Kaosoff serait au bout de sa promesse? Et si ce n'était pas le comte, pourquoi ne serait-ce pas un des amis du comte? car elle touchait au milieu doré de Paris, là où les hommes sont riches et prodigues. Puisqu'elle venait de monter vers la fortune, elle ne voulait plus descendre. Toutes ces idées passaient comme de vagues images, insaisissables encore dans l'âme de cette jeune fille.

Ce qui la préoccupait surtout, c'était son habitation nouvelle. Jusque-là, elle n'avait vécu pour ainsi dire qu'en passant dans la vie, tantôt à l'hôtel meublé, tantôt chez un amant d'aventure ; cette fois, elle se sentait presque chez elle, le pied ne lui manquerait plus, l'abîme s'éloignait Elle interrogeait les meubles de Mlle Trois-Étoiles comme pour leur demander l'histoire de cette demoiselle. Quel était l'amant généreux qui lui avait donné ce magnifique cabinet d'ébène à miniatures féeriques, à reliefs d'argent si admirablement ciselés ? Qui lui avait donné ce lit Louis XV à baldaquin ovale avec des draperies si opulentes ? Qui lui avait donné ces deux tapis de Perse, où elle trouvait une vraie volupté à marcher pieds nus ? Elle attendait déjà le jour où ses amoureux lui donneraient à son tour un ameublement digne d'elle.

Mais la question d'argent ne dominait point la question d'amour.

Elle avait beau repousser l'image de M. d'Aubigné, il s'imposait à sa vie future; ne pouvant croire que l'amour viendrait, elle se figurait qu'elle ne pensait à lui que pour la question d'argent, ou plutôt que les adorations d'un tel homme ne pouvaient que la poser victorieusement dans le monde à la mode.

XXI

LE LOUP DANS LA BERGERIE

La comtesse vint dîner chez Alice, qui était toute grisée encore d'avoir un joli hôtel et peut-être d'aimer déjà le comte d'Aubigné.

— Et maintenant, que vous manque-t-il? demanda la comtesse à Alice.

— Rien, dit Alice, bien contente de son petit hôtel. Rien, sinon tout ce qu'il faut pour vous écrire : « Vous êtes la plus adorable des femmes ! »

— Eh bien! il vous manque quelque chose ou plutôt quelqu'un : il vous manque une bonne femme de chambre, qui vous ajuste avec tant d'art qu'elle vous donnera tous les jours une nouvelle beauté.

— C'est le merle blanc !

— Voulez-vous la mienne ?

La comtesse s'aperçut qu'elle avait fait fausse route.

« J'allais lui montrer mes cartes, » se dit-elle en se mordant les lèvres.

Mais, le lendemain, elle envoya à Alice une femme de chambre, porteuse de cette petite lettre de recommandation :

« Je ne connais pas cette fille, qui ne m'a
« pas l'air d'avoir inventé la poudre de riz, mais
« elle m'est recommandée par une amie qui ne se
« trompe jamais. »

La comtesse mettait ainsi le loup avec l'agneau.

A moins que le loup dans la bergerie ne fût M. d'Aubigné lui-même ; mais M. d'Aubigné fut le lion de cet antre doré ; le loup, ce fût Mme Kaosoff.

XXII

LA SAINTE BÊTISE

ussi le lendemain, quand il vint frapper à sa porte, elle l'attendait.

— Ah! c'est vous, lui dit-elle, je ne vous attendais pas.

Mais son cœur battait doucement; un adorable sourire illumina ses yeux et ses lèvres par l'éclat du regard et des dents.

— Que vous êtes belle ! dit le comte.

Vieille manière de parler qui fait toujours son effet.

— Vous trouvez ? dit Alice, en donnant sa main aux lèvres du comte.

Et elle ajouta :

— C'est la Belle et la Bête, dit-elle toute rêveuse; depuis que je vous vois j'ai perdu l'esprit.

— Je voudrais bien!

Alice demanda à M. d'Aubigné s'il avait vu Mme Kaosoff.

— Écoutez, si vous voulez que je vous dise la vérité, je n'aime pas beaucoup votre amie.

— Vous l'avez aimée?

— Moi, pas du tout!

— Pas du tout?

— Vous l'avez aimée au moins pendant vingt-quatre heures.

— Qui vous a dit cela?

— Les échos d'alentour.

— Non, je ne l'ai pas aimée; le hasard nous a mis en face l'un de l'autre. Figurez-vous deux voyageurs qui se rencontrent dans une auberge et qui sont à la même table. Si c'est un homme et une femme ils se marchent sur le pied; le soir, dans le tohu-bohu de la maison, ils se trompent de porte; le lendemain matin, ils sont tout étonnés de se trouver ensemble; c'est comme un rêve, quelquefois comme un cauchemar; ils n'ont plus qu'une idée, c'est de se dire adieu et de bifurquer. Voilà, sans doute, comme j'ai rencontré votre belle amie. Je n'en dis pas de mal; c'est une femme comme il y en a peu.

— Vous n'en dites pas de mal, mais vous n'en dites pas de bien non plus. Ce n'est pas une femme qui se laisse marcher sur le pied.

Mlle de Reviers dit cela d'un certain air de révolte, M. d'Aubigné sentit qu'elle était blessée dans ses amitiés pour Mme Kaosoff.

— Je vous accorde, mademoiselle, que c'est une femme à grandes passions, mais ce n'est pas ma faute si elle ne les inspire pas.

— C'est parce que vous ne vous passionnez jamais; car j'en sais plus d'un que Mme Kaosoff a laissé sur le carreau.

— Oh! oui, il paraît que j'en ai vengé beaucoup.

Le comte avait repris ses grands airs de fatuité si insupportables à Alice.

— Prenez garde! lui dit-elle, elle se vengera peut-être à son tour.

— Je n'ai pas peur d'elle.

— Vous dites ça parce qu'elle est loin; mais si elle était là...

— Oh! de loin comme de près, je la brave vaillamment.

— Pourquoi ? elle est belle, elle a de l'esprit.

— Oui, mais, quoique jeune encore, elle a perdu ce que j'appellerais ce duvet de la pêche qui est le parfum et la saveur de l'amour, cette fleur de magnétisme que vous avez...

Le comte n'avait pas achevé ces mots qu'il embrassait le cou d'Alice.

Elle lui donna une jolie chiquenaude.

— Oh ! si j'avais mon éventail, dit-elle, comme je vous battrais.

— Être battu par vous, je ne demande que ça.

Et le comte embrassa Alice de l'autre côté.

Elle s'offensa sérieusement.

— Monsieur, lui dit-elle, on dirait vraiment que nous avons gardé M. de Cupidon ensemble. C'est à moi surtout qu'on ne marche pas sur le pied. Je ne vous recevrai plus quand je serai seule. J'appellerai M*me* Kaosoff à la rescousse.

— Gardez-vous-en bien ! vous feriez comme les paysans qui mettent leur défroque sur les cerisiers pour faire peur aux oiseaux.

— Oui, mais si je vous laissais faire, vous auriez bientôt croqué toutes les cerises.

Le comte croyait avoir fait beaucoup de chemin depuis son arrivée. Mais M*lle* de Reviers, si ouverte et si accueillante, se rembrunit tout à coup. Elle lui parla de ses lectures pieuses ; elle lui dit qu'elle avait lu la nuit passée Bossuet et Pascal.

La vérité c'est qu'elle avait entr'ouvert un roman de Hugo et un roman de Balzac sans pouvoir s'y arrêter parce qu'elle sentait que le roman seul de sa vie amusait son cœur.

Ce fut en vain que M. d'Aubigné à plusieurs reprises se hasarda à faire le siége de cette place forte, mais déjà démantelée. Il échoua quelles que fussent ses armes; tour à tour il se montra tendre, enjoué, passionné, moqueur; Alice déjoua tous ses assauts par une inaltérable sérénité qui cachait son émotion.

Ce qui n'empêcha pas le comte de lui dire avec impertinence en prenant son chapeau:

— A quand les noces ?

Mais avec la même impertinence, Mlle de Reviers lui répondit :

— Envoyez-moi votre père et votre mère pour me demander ma main.

Il alluma son cigare.

— Une belle main, dit-il, en la baisant une seconde fois.

Quand il fut sorti, il murmura : « Je n'y comprends plus rien ; veut-elle une dot pour ce mariage de la main gauche? ou bien ai-je perdu mes moyens d'action? Pourvu, tout à l'heure, que je ne tombe pas dans la bêtise d'aimer cette fille! »

XXIII

LE COMMENCEMENT ET LA FIN

Comment l'amoureux se rendit-il maître de la place? Parce que Mlle de Reviers se livra à l'ennemi.

Toutefois, cette belle hyménée ne fut pas aussi rapide que celle du comte avec Mme Kaosoff. Non pas qu'Alice jugeât qu'une résistance temporaire accuse plus de vertu qu'une défaite soudaine : l'amour n'ouvre pas le calendrier pour marquer les dates; mais M. d'Aubigné n'attaqua pas la jeune fille comme il avait attaqué cette belle sauvage des bords du Don. Pris d'un sentiment sérieux, il se retrouva dans les timidités du premier amour; non pas précisément comme un écolier qui attend une Mme de Varrens, mais comme un amoureux qui ne veut ni effaroucher ni offenser celle qu'il aime; peut-être aussi M. d'Aubigné ne voulait-il pas tordre le cou à son bonheur, en supprimant ces fraîches et lumineuses aurores d'une naissante passion. Il trouvait un charme idéalement voluptueux à vivre quelques jours en platonicien devant toutes les beautés d'Alice, comme le voyageur qui va entrer dans un pays nouveau, et qui s'arrête pour mieux savourer son émotion. Jusque-là, M. d'Aubigné avait été touché plus ou moins par la plastique de ses admirations amoureuses, mais il n'avait pas encore vu une femme qui lui plût aussi souverainement que Mlle de Reviers.

C'est que son grand œil bleu avait une éloquence mystérieuse, c'est que sa bouche souriait sous je ne sais quel rayon mélancolique, c'est que sa figure, comme dit saint Augustin, était l'effigie de son âme. Ses deux amours n'avaient pas altéré sa pureté bleu de ciel. Elle rappelait ces adorables figures d'André del Sarte, qui ont toute la douceur des figures de vierge et tout le sentiment des figures de femme.

Ceci explique ce mot de M. d'Aubigné :

« On pourrait vous aimer toutes les deux, vous et Mme Kaosoff, on aimerait l'une le soir et l'autre le matin. »

En effet, Mme Kaosoff inspirait toutes les altières voluptés et toutes les fureurs nocturnes, tandis que Mlle de Reviers avait les suavités et les saveurs matinales.

Et ce fut un matin, aux premières blancheurs de l'aurore, qu'Alice devint la maîtresse de M. d'Aubigné. Elle avait été d'un souper qui avait pris les trois quarts de la nuit. On était allé faire un tour au bois, comme pour se dépouiller des vapeurs de l'ivresse des autres, car pour eux, Alice et M. d'Aubigné, ils n'avaient que l'ivresse de l'amour.

Il la reconduisit chez elle.

Eut-elle peur de la solitude en plein jour? Je ne sais. Ce que je sais bien, c'est qu'à midi ils déjeunèrent ensemble.

La comtesse vint pour déjeuner avec son amie, mais la femme de chambre arrêta Mme Kaosoff sur le seuil.

— Oh! madame, il y a du nouveau! Nous tenons M. d'Aubigné, ils sont en tête-à-tête devant un homard.

— Allons, tant mieux, dit la comtesse en rebroussant chemin.

Elle dit tant mieux, comme elle aurait dit tant pis ! Et en effet, c'était tant pis.

Comme la comtesse était à la grille du jardinet, Cornillac la heurta violemment.

— Vous êtes donc fou ? lui dit-elle.

Cornillac s'inclina tout en passant outre.

— Figurez-vous, dit-il, en se retournant, que je poursuis d'Aubigné depuis ce matin. Nous avons soupé ensemble; il m'a planté là pour filer le parfait amour, — et pour filer avec le parfait amour — car je viens d'apprendre qu'il est ici, il n'a qu'à bien se tenir. Il est dans les bras d'Armide, mais je viens le délivrer. On a des amis, ou on n'en a pas; si je le laissais faire il s'éterniserait avec toutes les femmes.

— Il ne s'est pourtant pas éternisé avec moi, pensa Mme Kaosoff.

Elle fit signe à Cornillac de revenir vers elle.

— Je ne vous conseille pas, monsieur de troubler ce tête-à-tête, il ne faut jamais empêcher les gens d'être heureux.

— Heureux sans moi ! s'écria Cornillac avec indignation.

A ce cri d'égoïsme naïf, la comtesse sourit. Elle l'entraîna et ils sortirent ensemble.

— Voyons, lui dit-elle, prenez-moi le bras et offrez-moi à déjeuner chez moi.

La comtesse d'ailleurs n'était pas fâchée de gagner à sa cause l'inséparable de M. d'Aubigné.

XXIV

LA COUPE BRISÉE.

Jusqu'au moment de sa défaite, Alice avait pour ainsi dire un voile devant les yeux quand elle regardait M. d'Aubigné. C'est qu'elle l'avait aimé à première vue par une de ces forces occultes qui ne s'expliquent que par les existences antérieures, disent les spiritualistes, par les amours de la chair, disent les pécheurs endurcis.

Quand une fois il fut son amant, elle le regarda de plus près, non pas d'un œil assuré, parce qu'elle était dans le trouble des heures de défaillance; mais elle voulait s'assurer qu'elle ne s'était pas trompée.

Et en effet, Mlle Reviers ne s'était pas trompée.

M. d'Aubigné était un amant digne d'elle, par la figure comme par l'intelligence. Il y avait en lui quelque chose de chevaleresque et d'emporté, il semblait qu'il ne fût jamais au repos. Il faisait bien ce qu'il faisait : il dormait profondément, mais il vivait haut la vie. On voyait au feu de ses yeux que la machine était bien organisée. Rien ne chômait chez lui. Il aimait à monter à cheval, à faire des armes, à nager, à patiner, à souper, à jouer, — il aimait à aimer.

Toujours vaillant, quoi qu'il fît, ce n'était pas un saint, mais c'était un homme. On aurait pu le faire descendre de Henri IV du côté gauche, non-seulement au moral, mais au physique, à cela près qu'il avait une figure plus efféminée, avec un nez moins accusé que le nez du triple talent. Peut-être n'eût-il pas porté la cuirasse et le casque d'Henri IV, mais il n'en avait que plus de désinvolture. Et il eût tout aussi bien soulevé dans ses bras Gabrielle d'Estrées. En un mot, il était de la race des hommes qui se font aimer.

Mlle de Reviers se leva de table au dessert, et alla l'embrasser avec toute l'effusion d'une femme heureuse de son amour et fière de son amant.

M. d'Aubigné avait levé sa coupe pleine de vin de champagne.

— Eh bien! lui dit-il, puisque tu es si gentille, tu vas boire à cette coupe. Ce sera le baptême de notre amour.

Alice ne se fit pas prier.

— Oh! le bon vin! dit-elle, en rendant la coupe à son amant.

M. d'Aubigné mit aussitôt ses lèvres où Alice avait mis les siennes.

Il vida la coupe, après quoi il la brisa sous sa main.

— Que faites-vous là? demanda Mlle de Reviers, moitié souriante, moitié inquiète.

— C'est un sacrifice aux dieux, qui portera bonheur à notre amour.

Alice pâlit.

— Eh bien, moi, dit-elle, je n'ai pas la même superstition; ce qui se brise est d'un mauvais augure.

M. d'Aubigné lui ferma la bouche en l'embrassant.

— Vous imaginez-vous que je briserai votre cœur comme cette coupe!

XXV

LES COLÈRES DE LA LIONNE

CE soir-là Mlle de Reviers alla voir son amie.

Elle comprit pour la première fois la gravité de l'acte qu'elle avait signé.

Elle savait bien que cet acte-là, quoi qu'il arrivât, ne serait pas produit devant les tribunaux, mais n'avait-elle pas donné sa parole ?

Puisque Mme Kaosoff était de bonne foi, pourquoi ne serait-elle pas de bonne foi elle-même ?

Mais elle aimait le comte, elle sentit que sa raison était déjà en lutte avec son cœur.

Mlle de Reviers entra chez la comtesse en respirant mal.

— Eh bien ! ma belle amie ! lui dit Mme Kaosoff, vous savez que j'ai failli vous surprendre dans un tête-à-tête critique.

— Oh ! vous pouviez entrer, répondit Alice.

— Est-ce bien vrai ce que vous dites là ?

La comtesse regardait son amie jusqu'au fond du cœur.

Alice rougit.

— Voyons, comptez-moi ce qui s'est passé.

— C'est bien simple. Le comte, à force de perdre la tête, me fit perdre la mienne.

— Si vous êtes bien sûre qu'il vous aime, il n'y a que demi-mal ; mais s'il ne vous aime pas, vous allez boire toute l'humiliation que j'ai bue moi-même. Ah ! ma chère petite, vous allez bien vite en besogne.

— Oui, mais je suis sûre qu'il m'aime.

— Eh bien ! Après ?

— Après ? Il veut vivre avec moi ; je vais donc pouvoir vous dispenser de me donner de l'argent.

La comtesse déchaîna sa colère comme une bête féroce. Elle était terrible.

Alice fut effrayée de son sourire : un poignard d'acier.

— Ah ! c'est comme cela que vous arrangez les choses! Vous êtes devenue folle. Je ne suis donc rien pour vous. Et ma vengeance. Avez-vous déjà sacrifié une amitié sérieuse à un amour d'occasion ? Mais vous seriez la dernière des créatures !

Mlle de Reviers tressaillit et baissa les yeux ; elle sentit la force de cette domination diabolique.

Elle essaya d'un paradoxe doré, comme on jette un gâteau au chien de garde qui va vous dévorer.

— Puisqu'il m'aime, n'êtes-vous pas vengée, vous qui êtes mille fois plus belle que moi ?

— Ah ! vous appelez ça ma vengeance ! Ah ! parce que cet homme que je hais est heureux dans vos bras, vous me trouvez bien heureuse ! Me prenez-vous pour une idiote ?

Alice essaya de désarmer la comtesse par sa douceur.

— Vous savez bien que je veux vous obéir en toute chose.

Mais Mme Kaosoff continuait à galoper sur sa colère.

— Après cela, ma petite, je vous rends votre

liberté ; mais rendez-moi à l'instant même tout ce que je vous ai donné. Le comte sera trop heureux de vous entretenir!

Ce dernier mot fit pâlir Alice. Elle ne se croyait pas tombée jusqu'au degré de fille entretenue. Elle ne trouva rien à répondre à Mme Kaosoff.

— Si vous êtes si heureuse de votre amour, Alice, je vais vous remettre le manteau et la robe que vous aviez en venant ici ; car je dois vous le dire, tout en comptant sur vous, j'ai prévu que vous seriez une femme comme tant d'autres : j'ai gardé vos hardes; on va vous les apporter; vous rengainerez ça, et vous irez faire la joie de votre amant.

Alice, qui était assise, se leva, blessée au cœur. Elle ouvrit la bouche pour dire à la comtesse : « Eh bien ! oui, j'irai ; donnez-moi mes hardes, et rendez-moi ma parole. »

Mais les mots se glacèrent sur ses lèvres.

Comment reparaître devant M. d'Aubigné sans ses robes, sans ses diamants, sans ses chevaux, sans son hôtel ? Quoiqu'elle l'aimât, elle ne le jugea pas assez grand cœur pour la comprendre si elle allait tout lui dire. Les femmes qui n'ont pas le sou n'inspirent que la pitié. M. de Cupidon n'a pas seulement des flèches dans son carquois, il a des louis d'or. M. d'Aubigné, apprenant qu'Alice était une pauvre fille mise sur le piédestal de l'argent par la Kaosoff, ne la relèverait pas si elle était tombée du piédestal.

Mlle de Reviers aimait déjà trop M. d'Aubigné pour risquer ainsi de le perdre.

— Je ne vous comprends pas, dit-elle à la comtesse : vous ne m'avez pas jetée sur le chemin du comte pour que je lui échappe ?

— Je vous ai jetée sur son chemin pour que vous le preniez, mais non pas pour que vous l'aimiez.

— Qui vous a dit que je l'aime ?

— C'est vous, c'est votre émotion, c'est votre pâleur. J'en suis effrayée.

— Je vous jure...

— Jurez-moi, je vous croirai.

— Je vous jure que je vous aime.

— C'est toujours ça. Mais si vous aimez le comte...

— Non, c'est un jeu.

— Prenez garde à ce jeu-là ?

Sur ce mot, Mme Kaosoff, redevenue douce

comme une colombe, embrassa Mlle de Reviers.

— Croyez-moi, Alice, n'aimez pas cet homme, ne tombez pas dans cette duperie. Faites que je sois vengée, ma vengeance sera votre fortune.

— Vous serez vengée! dit Alice sans savoir ce qu'elle disait?

Devant son amie, elle perdait tout libre arbitre.

Ce soir-là encore, elle lui signait de son sang le célèbre contrat.

— Mais comment puis-je vous venger? demanda-t-elle à la comtesse.

— Cela ne vous regarde pas, faites-vous aimer.

— Eh bien! adieu, car je dîne avec M. d'Aubigné.

— Non, vous dînerez avec moi. Il vous attendra, il sera furieux, il vous enverra au diable, c'est-à-dire qu'il vous aimera trois fois plus.

Au dîner, Alice conta comment M. d'Aubigné avait brisé la coupe où ils avaient bu tous les deux.

— Eh bien! si c'est un mauvais augure, je veux conjurer le mal. Buvez dans mon verre, Alice.

Alice but d'un air étonné.

La comtesse avait mis un gant.

— Voilà, dit-elle en frappant du poing sur le verre. Vous voyez que je puis soutenir un duel avec cet homme !

XXVI

LES MYSTÈRES DU CŒUR.

Un jour, la comtesse alla chez Alice à l'heure où elle était sûre de ne pas la rencontrer. Elle eut avec la femme de chambre une petite causerie tout à fait édifiante.

— La première fois, lui dit-elle, que le comte d'Aubigné écrira à Alice, vous escamoterez les lettres.

— Quand mademoiselle l'aura lue?

— Oui.

— C'est bien simple, mademoiselle est si insouciante qu'elle laisse toujours la clef à son secrétaire; voyez plutôt : elle se figure que je ne suis pas curieuse parce que j'ai l'air de ne penser à rien.

— Pensez à tout !

— Voilà le secret, dit la femme de chambre. Elle s'approcha et appuya sur un ressort.

La comtesse ouvrit le secrétaire d'une main agitée.

— C'est bien, allez dans l'antichambre. Si par hasard Alice revenait, ne lui ouvrez pas.

— Oh ! mademoiselle ne rentre jamais avant six heures.

Quand Mme Kaosoff découvrit les lettres de M. d'Aubigné, elle s'écria en laissant tomber ses bras : « Est-il possible qu'il lui ait tant écrit ? Décidément, c'est une passion profonde, car les voluptueux n'écrivent pas. »

Elle se contenta de voler deux lettres. « Voilà, dit-elle, qui me servira un jour. »

XXVII

LA MADONE DU MAL.

Les femmes du demi-monde se reçoivent tous les jours à l'heure du Bois, les unes quand on va au lac, les autres quand on en revient. On goûte, on lunche, on prend du thé, on débite des malices et on dispose ses batteries. Quelques hommes s'aventurent alors dans le camp des femmes. Il y a des paris ouverts pour ou contre les vertus.

C'est la Bourse de l'amour. Toutes les femmes sont cotées : les unes à la hausse, les autres à la baisse. Il y a de toutes les valeurs, depuis l'or anglais jusqu'au papier turc.

Mlle de Reviers, sur le conseil de Mme Kaosoff,

recevait tous les jours au retour du Bois quelques-unes de ces dames.

La comtesse ne manquait jamais à ces réunions où elle dominait par son despotisme, son jeu savant, son entente des affaires. Nulle ne parlait mieux du « commerce de l'amour. »

M. d'Aubigné avait plus d'une fois prié Alice de fermer sa porte à tout ce monde-là. Mais Alice qui devait obéir à la comtesse ne tenait pas compte des prières de M. d'Aubigné et remettait toujours au lendemain pour reprendre son libre arbitre. Et ce lendemain n'arrivait pas.

Mme Kaosoff, qui n'était pas sympathique, avait tenté vainement d'avoir des femmes chez elle. Il n'y venait que des hommes. Or c'est dans un bataillon de femmes qu'on apprend l'art de ruiner les hommes. Les femmes sont bavardes, les plus discrètes en disent trop, les meilleures joueuses laissent voir le dessous de leurs cartes.

La comtesse trouvait donc qu'il était très utile à sa fortune de venir tous les jours étudier ses plans de bataille chez Mlle de Reviers. Elle jouait l'insouciante; elle prenait des airs de nonchalance et d'abandon qui n'étaient pas du tout dans sa nature. Elle semblait ne pas écouter les confessions des autres, mais rien n'était perdu ; si une femme dressait ses piéges à loup, c'était la comtesse qui prenait l'homme au piége. Elle avait un air de désintéressement qui trompait tout le monde ; elle parlait sans cesse de sa fortune, de ses terres en Russie, des mines de cuivre de sa famille, de ses amitiés dorées d'amour avec un prince régnant, si bien que celles qui l'écoutaient, loin de voir une rivale, voyaient une amie pour les jours de dèche — selon le mot académique. Dans le monde qui était venu se grouper autour d'Alice, il y avait de tout, femmes séparées, comédiennes, cantatrices, filles émancipées. Mais tout ce monde-là n'avait qu'une idée : — avoir des hommes pour avoir des chevaux, — avoir des chevaux pour avoir des hommes, — l'amour de la domination et la domination de l'amour.

Ce fut à une de ces petites fêtes que madame Kaosoff reçut un second baptême. Un de ses amoureux, qui voyait plus loin que les autres, parce que l'amour, tout aveugle qu'il soit, a souvent la seconde vue, la surnomma la Madone du Mal.

Elle donnait si naturellement de mauvais conseils aux femmes, elle se réjouissait si cordialement du malheur des autres, elle nageait avec tant de délices dans toutes les perversités que ce baptême frappa tout le monde. Une autre femme que la comtesse s'en fût indignée ; elle au contraire releva la tête et s'enorgueillit.

— Qu'est-ce que le mal ? dit-elle en allumant sa cigarette. C'est le charme de la vie. Quelle est celle d'entre nous qui voudrait supprimer trois ou quatre charmants péchés capitaux comme l'orgueil, la gourmandise, la colère, la luxure et la paresse ?

On donne raison à la comtesse.

— Madone du Mal ! reprit-elle. Cela prouve que je suis un composé de tout ce qu'il y a de beau et de tout ce qu'il y a d'horrible ; cela prouve qu'on trouve en moi le paradis et l'enfer. On ne pouvait donc rien me dire de plus agréable.

Et elle tendit gaiement la main à son parrain.

C'était un financier qu'elle venait de faire nommer comte romain moyennant quatre-vingts mille francs, vingt mille francs pour le Vatican et soixante mille francs pour elle.

La comtesse était une femme d'amour et une femme d'affaires.

XXVIII

LA COMÉDIE NOCTURNE.

Mme Kaosoff, dans sa haine implacable, avait encore des retours vers M. d'Aubigné. Elle avait beau ne se point pardonner cette faiblesse, elle y retombait çà et là. Il lui arrivait en voyant Alice heureuse d'être prise d'une violente jalousie; elle avait des emportements de lionne, elle montrait ses griffes roses, elle éclatait dans sa colère.

Un jour qu'elle était chez sa jeune amie, M. d'Aubigné survint à l'improviste. Elle eut à peine le temps, pour ne pas être vue, de se jeter dans le cabinet de toilette. Ce soir-là M. d'Aubigné était légèrement ivre; sinon ivre, en belle gaieté. Il venait d'un joyeux dîner à la Maison-d'Or, où l'on avait enterré la jeunesse d'un des convives qui allait se marier.

Naturellement la comtesse écouta aux portes. M. d'Aubigné avait peut-être le vin trop tendre, car il fâcha Alice par des provocations à l'emporte-pièce.

On comprend que la jeune fille, sachant que Mme Kaosoff était presque témoin de la scène, cherchât à le rappeler à l'ordre.

L'amoureux, qui était emporté, se révolta de cette froideur inattendue ; de part et d'autre on se jeta des mots piquants. Le comte prit son chapeau pour partir ; mais tout à coup, se ravisant, il passa dans la chambre à coucher d'Alice en disant qu'il allait reprendre ses esprits. Cinq minutes après il dormait en homme d'esprit qui ne veut pas continuer une causerie discourtoise.

Alice presque toujours douce était irritée. Elle alla ouvrir la porte à Mme Kaosoff.

— Un peu plus, lui dit-elle, nous serions brouillés.

— Pourquoi ?

— Pour rien.

— Oh ! cela est grave : prenez garde ; quand

on se brouille pour un rien, on ne se réconcilie jamais.

— Nous n'en sommes pas là, j'imagine. Mais il se fait des illusions, s'il se figure que je vais aller continuer le duo par là. Croiriez-vous, comtesse, qu'ils se sont grisés comme des Polonais à ce dîner d'adieu ?

— Eh bien ! pendant qu'il cuvera son vin, allons nous promener.

— Si nous passions une demi-heure au Skating ?

— Partons !

Et les voilà parties.

A peine arrivées dans le palais des patineuses, elles rencontrèrent un prince royal étranger qui offrit son bras à Alice et qui l'amusa par mille paradoxes. La comtesse ne les accompagna pas longtemps.

— Où est-elle donc ? demanda tout à coup Alice.

— Nous allons la retrouver en faisant ce tour du monde.

La comtesse était sortie en toute hâte. Cinq minutes après elle rentrait chez Alice. Je ne sais pas ce qu'elle dit à la femme de chambre; je ne sais pas pourquoi elle alla « sans chandelle, » comme disait feu le roi de France, dans la chambre à coucher d'Alice ; je ne sais pourquoi elle y resta plus d'une demi-heure ; je ne sais pourquoi elle en sortit presque radieuse.

Ce qui est certain c'est qu'au retour d'Alice, le comte, qui n'était pas encore bien dégrisé, lui demanda si elle était folle d'être venue et d'être partie quand il « était si bien avec elle. » Alice sonna et demanda à la femme de chambre la clef de ce mystère. La femme de chambre eut l'air de ne pas comprendre ; elle affirma, sauf le respect qu'elle lui devait, que M. le comte ne savait pas ce qu'il disait : il avait dormi profondément, il avait parlé tout haut, comme un homme qui rêve ; voilà tout ce qui s'était passé.

M. d'Aubigné eut beau se passer la main sur le front et dire à cette femme de chambre que c'était une grue ; celle-ci n'en démordit pas d'une syllabe.

Comment expliquer ce mystère ? dirait un dramaturge. Faut-il croire que Mme Kaosoff, toujours inassouvie dans sa violente passion pour le comte, était venue, sous le pseudonyme d'Alice, voir s'il avait le vin tendre ? Qui pourrait croire à une pareille témérité? Et pourtant! qui croirait qu'elle fût venue là pour porter un mauvais coup à son ancien amant ?

Le comte fut peut-être convaincu par les affirmations de la femme de chambre ; mais Alice, qui n'avait pas dîné à la Maison-d'Or, en se rappelant la disparition de la comtesse au Skating-Palais, se rappela vaguement l'histoire de Mlle de Belle-Isle dont elle avait étudié le rôle avec M. Bressant.

Le lendemain, le comte d'Aubigné regarda de très-près la femme de chambre pour deux raisons :

La première : — il voulait voir si elle s'était moquée de lui.

La seconde : — si c'était une jolie fille, car il ne l'avait pas bien vue jusque-là.

« Après tout, dit-il, elle est jolie et je ne me suis pas trop encanaillé; cette fille mérite de faire son chemin : il faudra que je la cloue à Cornillac. »

XXIX

LE SIGNE DE LA CROIX

Un jour que Mme Kaosoff et Mlle de Reviers se promenaient au jardin du Luxembourg après une visite au Musée, elles virent passer les orphelines de l'ouvroir Saint-Vincent de Paul.

Alice tressaillit et fit le signe de la croix.

Mme Kaosoff, qui avait tressailli elle-même, demanda à Alice pourquoi elle faisait le signe de la croix.

— Pour rien, répondit Alice, c'est une prière comme une autre pour les orphelines. C'est si triste de n'avoir pas de mère !

— Est-ce qu'il y a longtemps que vous avez perdu votre mère ?

— Je ne l'ai jamais connue.

Alice essuya une larme.

— Et moi, murmura Mme Kaosoff se parlant à elle-même, je n'ai jamais connu ma fille.

Mme Kaosoff n'eut pas besoin d'essuyer ses yeux.

. . . .

Ce soir-là Alice partit avec son amant pour le château d'Aubigné.

C'était la première fois que le comte présentait une maîtresse au château des ancêtres.

— Ils n'en rougiront pas, disait Cornillac en entrant au château.

— Ni elle non plus! dit M. d'Aubigné.

Alice fut bien heureuse pendant ces quelques jours de solitude — malgré les à-propos perpétuels de Cornillac.

XXX

COMMENT M. D'AUBIGNÉ FUT DÉBARRASSÉ DE SA DERNIÈRE MAITRESSE.

C'était le soir, au retour du château.

M. d'Aubigné et Mlle de Reviers se promenaient amoureusement dans l'avenue des Champs-Élysées, précédés de deux grands lévriers, suivis de leur coupé. Ils marchaient dans l'auréole du bonheur — ou du rêve. — Ils auraient voulu vivre ainsi une heure de quiétude poétique quand Cornillac — le chien dans un jeu de quilles — se précipita à leur rencontre.

— Écoute cette histoire, dit Cornillac.

— J'écoute.

— Voici ; c'était là-bas au Moulin-Rouge :

« Une jeune Athénienne, de la famille d'Aspasie

et de Phryné, est assise à l'une des tables fleuries de ce jardin gastronomique. Les cheveux de la jeune Athénienne sont broussaillés à la chien, *cave canem!* Elle allonge un peu son pied sur le sable du passage. J'essaye de franchir ce détroit des Dardanelles.

« — Vous m'avez marché sur le pied, dit Aspasie.

« — Je vous en rendrai raison, dis-je.

« — Votre lieu ?

« — Ici même.

« — Votre heure?

« — Sur-le-champ.

« — Vos armes?

« — Lion éreinté sur fond d'or, dit Aglaé qui survient.

« — Non, dites plutôt lion éreinté sur champ de gueuses.

« Et voilà la table allumée.

« On dîne gaiement. Mais au dessert, on entend la valse des Roses qui vient du concert Besselièvre : deux larmes tombent sur la nappe.

« — Quel est donc ce mystère?

« — Ce mystère, c'est que je suis allée hier aux filles repenties, qu'on ne m'a pas reçue parce qu'il n'y a pas de place, et que j'y veux retourner.

« — Pour quoi faire ?

« — Pour ne plus vous voir, vous qui êtes son ami.

« — Je comprends. En attendant, venez à Mabille.

« — Non.

« L'Athénienne brisa son verre, se leva tout égarée, donna son bracelet à une pauvre femme qui passait avec un enfant au sein, et se jeta dans un fiacre.

« Comme elle joue bien la comédie ! s'écria Aglaé tout en écoutant son voisin qui parlait du cours de la Bourse. »

Cornillac prit une pose tragique :

— Elle ne jouait pas la comédie ! Elle s'est souvenue qu'elle était trahie par son dernier amant...

— Eh bien ? s'écria M. d'Aubigné impatient et furieux.

— C'est toi son dernier amant, voilà ce que tu fais des femmes :

— Le grand mal, après tout, si je les prends au diable pour les rendre à Dieu.

Mlle de Reviers riait des lèvres, mais elle sentait la jalousie mordre son cœur.

M. d'Aubigné avait eu beau interrompre Cornillac.

Au dernier mot, il s'écria :

— Vois-tu, Cornillac, si un ami n'était pas sacré, je te tuerais.

Cornillac se révolta.

— On ne peut rien dire ici, je m'en vais.

Il pirouetta et courut jeter le désordre au Cirque.

Il y a des gens qui amènent avec eux la sérénité, Cornillac portait partout la guerre.

XXXI

LE CHAPITRE DU BONHEUR

Deux amoureux ne sont jamais au même diapason : quand l'un monte l'échelle, l'autre la descend, parce qu'il y a toujours un des deux qui est parti le premier; parce que l'amour, comme la flamme et comme la tempête, est dans le mouvement perpétuel, jusqu'au jour où il n'y a plus ni tempête ni flamme.

Ce qu'il y eut de charmant dans l'amour de M. d'Aubigné et de Mlle de Reviers, c'est qu'ils partirent à la même heure pour cette ascension transcendante, comme deux gais compagnons qui ne bifurqueront pas et qui ne rebrousseront pas chemin.

Que j'en ai vus de ces amoureux maudits par l'amour, qui n'avaient pas la même heure à leur montre, qui s'aimaient l'un auprès de l'autre, qui chantaient sans cesse midi à quatorze heures; aussi ne se comprenaient-ils pas : c'étaient des âmes en peine, qui chantaient la nuit le jour et le jour la nuit.

Tandis qu'Alice et son amant n'avaient qu'une idée, qu'une âme, qu'un battement de cœur.

Aussi le comte n'avait jamais trouvé la vie si douce, et jamais Mlle de Reviers n'avait cueilli l'heure avec plus de volupté. C'était l'éternité rayonnante.

Le monde pour eux ne dépassait plus la maison ; plus ils s'aimaient et plus ils voulaient s'aimer, comme ces voyageurs qui, dans un pays enchanté, marchent toujours de surprise en surprise dans toutes les magies de l'imprévu.

Pour M. d'Aubigné et Mlle de Reviers, c'était la vie au jour le jour, la sagesse d'Horace dans la volupté de Saadi. C'était la fête ici, la fête à-bas; le far-niente des matinées oisives, les somnolences rêveuses des promenades au Bois dans un coupé où on se cache, dans un landau où on se montre; les dîners bruyants au café Anglais ou au Moulin-Rouge, chez soi ou chez des amies, pour jouer aux quatre coins; la curiosité des premières représentations dans une avant-scène, qui est presque la scène, tant on y joue la comédie; les gais soupers et le jeu infernal. En un mot, toute les joies à la surface quand le cœur est content.

Le matin le bonheur commençait au réveil. On se traînait paresseusement au déjeuner, où deux grands lévriers en guise d'amis tenaient bonne compagnie. Les amoureux sont gourmands; M. d'Aubigné avait une table exquise, prodigue de gibier et de fruits.

Le comte, qui était de toutes les grandes chasses, s'occupait du gibier, Alice s'occupait des fruits; la question du vin n'était pas compliquée, car le comte ne buvait que du vin de champagne, et Alice ne buvait que du château-Iquem. Ils avaient l'horreur du vin rouge.

On passait l'après-midi tantôt chez lui, tantôt chez elle, dans le jardin, au piano, ou dans la bibliothèque : la bibliothèque était un lit de repos où étaient jetés pêle-mêle tous les volumes nouveaux qui sont des livres, toutes les gazettes qui content l'histoire au jour le jour sans croire à leur sacerdoce.

On recevait peu d'amis parce qu'il y a peu d'amis; point de femmes, parce que les femmes créent l'orage : on ne voulait que le beau temps. On dînait souvent chez soi. On allait à tous les théâtres, non pas précisément pour aller à l'école des mœurs, mais pour aller à l'éternelle école de la vie.

Si on dormait bien, ce n'est point notre affaire; mais au moins on était sûr de n'avoir pas perdu sa journée, parce qu'on avait vécu de temps perdu, ce qui est encore la meilleure manière de perdre son temps — quand on est amoureux. — Le comte d'Aubigné et Mlle de Reviers étaient si heureux de s'abandonner au courant qu'ils ne se demandaient pas si cela durerait ; lui surtout, car pour elle il y avait çà et là des réveils inquiets : la figure de Mme Kaosoff lui apparaissait pâle et sombre comme celle du commandeur, alors Alice était prise par l'anxiété de quiconque a volé quelque chose. Ne volait-elle pas son bonheur? Ne serait-elle pas rudement punie un jour?

XXXII

LA LETTRE VOLÉE

Mlle DE REVIERS babillait un jour avec madame Kaosoff. On parlait de M. d'Aubigné.

La comtesse prit les mains d'Alice :

— Pauvre enfant ! Vous croyez donc à l'amour éternel ? Mais cet homme n'est que le mensonge de l'amour.

— Je vous dis qu'il m'aime. Il a pleuré sur mon cœur, il ne vit que par moi !

— Vous êtes folle ! Croyez-vous qu'il ne m'aimait pas, moi ? Voulez-vous que je vous lise une de ses lettres ?

Et la comtesse, sans attendre la réponse, alla

ouvrir un petit cabinet d'ébène qui renfermait tous ses secrets. Elle apporta une lettre sous les yeux d'Alice.

— Lisez! si vous en avez le courage!

Alice tressaillit : c'était bien l'écriture du comte.

Les femmes se croient trompées par le passé, comme par le présent, comme par l'avenir.

Alice fut jalouse, mais elle ne pouvait croire encore que M. d'Aubigné eût follement aimé la comtesse.

— Lisez, lisez.

Alice lut :

« Mon adorée,

« Tu ne t'imagines pas comme c'est doux de « t'aimer. Si je ne te vois pas ce soir, je serai aux « abois. Je me figure toujours, quand tu es sur « mon cœur, que tu ne t'en iras pas; mais dès « que tu es partie, je rouvre mes bras pour que « tu reviennes. Ce qui est si bon à dire dans « l'amour se glace sous la plume; mais au lieu « de t'écrire des mots, je t'écris des baisers. Tu « m'as révélé mon cœur; je me sens mourir à la « seule idée de te perdre... »

Alice interrompit sa lecture.

— Mais, cette lettre, c'est à moi qu'il l'a écrite.

— Enfant, dit la comtesse en reprenant la lettre et en la mettant dans l'enveloppe : voyez, reconnaissez-vous son écriture ?

— Oui, murmura Alice après avoir lu l'enveloppe :

Madame
La Comtesse Kaosoff.

La comtesse avait mis la lettre d'Alice dans l'enveloppe d'une lettre à elle adressée par M. d'Aubigné.

— Songez donc, mon enfant, que cette lettre, il l'a envoyée à vingt femmes. C'est toujours la même rédaction. Vous êtes bien naïve de vous figurer qu'il a trouvé des expressions pour vous.

Alice tomba du haut de ses illusions; mais, pourtant, elle n'était pas convaincue.

— S'il ne m'aime pas, dit-elle, pourquoi veut-il vivre avec moi ?

— Parce que vous ne lui coûtez rien, parce que vous êtes belle, parce qu'avant d'en finir avec vous, il veut que tout le monde sache bien votre passion. — Croyez-moi, c'est un jeu cruel qui vous tuera.

XXXIII

L'ENFANT PERDU

Mme Kaosoff, qui fermait son cœur à triple verrou de peur de vieillir trop vite par les émotions, avait pourtant çà et là des battements de cœur. C'est qu'on a beau lutter contre la nature, la nature a ses heures de revanche.

Un jour que la comtesse était allée au Père-Lachaise, par distraction, par curiosité, par désœuvrement, elle s'arrêta devant une petite tombe couverte de fleurs, surmontée d'une colonne brisée. Elle lut cette simple épitaphe :

Ci-gît Antonine.
Six ans!

— Pauvre enfant, pauvre mère, dit Mme Kaosoff.

Ce jour-là elle se rappela pourtant qu'elle avait eu un enfant.

— Oui, dit-elle, mais moi je n'ai pas été mère!

Elle pleura, — de vraies larmes — des larmes de mère, plus douces mille fois que des larmes de maîtresse; il lui semblait qu'une rosée divine passait sur son cœur.

— Pourquoi ai-je fait cela? se demanda-t-elle en se jugeant avec horreur.

A cet instant une femme, une pauvre femme, traînant un enfant, un pauvre enfant, passait devant la comtesse.

L'enfant était une petite fille tout étiolée : grands yeux cernés, pâleur de marbre.

— Quelle âge a votre petite fille? demanda Mme Kaosoff à la mère avec un vif mouvement de sympathie.

— Six ans, madame, comme celle qui est enterrée là.

— Et pourquoi venez-vous ici?

— C'est pour « voir » sa grand'mère qui est là-haut dans les fosses communes.

— Est-ce que votre petite fille est malade?

— Non, elle est malheureuse. Je l'amène ici pour la distraire, quand j'ai le temps.

— Où demeurez-vous ?

— Bien loin d'ici, rue Poissonnière; cela lui fait du bien de marcher.

— Si vous voulez, je vous reconduirai chez vous dans mon coupé?

— Oh non! dit la petite fille; il faut que j'aille « voir » grand'maman.

Et elle montra un bouquet de violettes d'un sou qu'elle avait acheté pour offrir à sa grand'mère.

— C'est bien, ça, dit Mme Kaosoff, en embrassant la petite fille. — Voulez-vous que j'aille avec vous « voir » votre grand'mère?

— Oh! oui, madame!

On monta aux anciennes fosses communes du Père-Lachaise.

— La voilà! dit tout à coup la petite fille, en s'agenouillant sur l'herbe devant une simple croix de bois noir.

— Elle aimait donc bien sa grand'mère? demanda Mme Kaosoff à la mère.

— Ah! madame, c'est un ange, sans trop dire, que cette petite fille-là. C'était hier dimanche, je lui ai donné un sou pour acheter du sucre d'orge, elle est revenue avec ce bouquet de violettes en disant : Nous irons voir demain grand'maman.

Ce coin d'un tableau de la vie de famille chez de pauvres gens fit une profonde impression sur la comtesse.

— Quand je pense, dit-elle en baissant la tête, quand je pense que si j'avais voulu, moi aussi, j'aurais une fille !

La petite venait de se relever après avoir baisé la terre.

— Mon enfant, que voulez-vous que je vous donne ? une belle poupée, n'est-ce pas ?

— La petite fille sourit et regarda la comtesse.

— Oh non ! madame, j'aime mieux un bouquet pour grand'maman.

Mme Kaosoff lui donna cinq louis.

— Tenez, ma belle, voilà des fleurs !

Au lieu de retourner droit chez elle, Mme Kaosoff alla aux enfants-trouvés. Mais ce fut en vain qu'elle interrogea tout le monde, nul ne se souvenait d'une petite fille abandonnée vingt ans plus tôt.

— Cherchez bien, dit la comtesse. Cette petite fille avait une croix de feu sous le bras.

On lui promit de faire des recherches. Mais on lui écrivit bientôt que la petite fille à la croix de feu était sans doute morte toute jeune, puisqu'on ne savait où la retrouver.

— Eh bien, tant pis et tant mieux! dit la Kaosoff qui, ce jour-là, ne pensait déjà plus à sa fille.

XXXIV

COMMENT ON GARDE L'ÉTERNELLE JEUNESSE

QUAND la comtesse regardait Alice, elle était jalouse de ses vingt ans, quoiqu'elle eût sa beauté à elle.

Mais elle savait qu'il lui fallait compter avec ses trente-neuf ans et demie, aussi Dieu sait l'effroyable travail qu'elle faisait à toute heure pour lutter contre les déchéances de la jeunesse ! Toutes les fées invoquées par les parfumeurs à la mode venaient, invisibles, la conseiller devant son miroir; elle ne lisait plus guère que les petits livres attribués pour les besoins de la cause à Diane de Poitiers, à la Marguerite des Marguerites, à Ninon de Lenclos, à toutes celles qui sont mortes jeunes, dit l'histoire, — cette fieffée menteuse,

— qui sont mortes jeunes à quatre-vingts ans!

La comtesse à son réveil se jetait sur son miroir pour se dire bonjour, pour se sourire et pour voir si le temps n'avait pas encore fait des siennes. Après un regard rigoureux, ne pouvant supporter le spectacle de la vérité, elle se frappait doucement la figure de sa houppette pour donner un glacis harmonieux à ce pastel irrésistible.

Après quoi, elle arrachait un à un ces irrévérencieux simulacres de moustaches et de favoris. Non pas que la comtesse fût un sapeur, bien loin de là, mais elle ne voulait pas permettre la moindre herbe folle sur sa figure.

Une fois debout, c'était le tour des crèmes inouïes; elle se barbouillait avec prodigalité, comme on arrose les fleurs altérées.

Mais elle n'était pas de celles qui veulent se régénérer dans l'eau vive: elle prenait des bains lactés mais elle n'y trempait guère son nez, croyant que le visage doit être respecté par l'eau comme par deux autres éléments, le feu et l'air; elle ne sortait jamais sans être abritée des intempéries sous un voile-illusion.

Ce voile-illusion, elle en abusait sous prétexte qu'il donnait à sa figure je ne sais quoi de mystérieux, mais sous prétexte surtout de montrer au grand jour les légers hiéroglyphes qui marquaient son âge.

Ce qui la rajeunissait, c'étaient ses dents fort belles encore, dont elle rehaussait la blancheur par les lèvres les plus savamment carminées. Elle ne s'embarquait jamais sans blanc et sans rouge. Elle n'avait garde non plus d'oublier son crayon pour ses yeux ni sa poudre d'or pour ses cheveux.

Après cela, périssent les empires et les républiques pourvu que le monument de sa beauté survécût !

XXXV

QUAND ON A DONNÉ SON AME AU DIABLE

CEPENDANT Alice subissait doucement le charme de cet homme — cet homme mal jugé, parce qu'on ne le voyait que du dehors, parce que les femmes qu'il n'aimait pas ne pouvaient le pénétrer dans son intimité.

Cet air donjuanesque qui lui donnait un masque de fatuité tombait comme par magie dès qu'on allait jusqu'à son cœur. Il rentrait dans sa nature, il redevenait simple. L'homme du monde se moquant de tout reprenait toutes les vertus primitives; il était plein d'abandon et d'imprévu; au lieu du mot imprimé, il trouvait le mot inédit; sa causerie était enjouée; il devenait d'autant plus spirituel qu'il ne songeait plus à l'être.

— Oh! lui dit un jour Alice, comme je voudrais être à la chasse avec vous!

— Pourquoi donc?

— Parce que vous êtes plus charmant encore dans la vie rustique! La vie de château avec vous est une vie délicieuse; à Paris vous posez toujours, vous vous croyez en spectacle, vous montez sur le piédestal de votre gentilhommerie et de votre renommée; au contraire, dans les solitudes d'un château, vous oubliez tout pour ne plus vous souvenir que d'une seule chose: être aimé par une femme que vous aimez.

— Vous avez raison, Alice, tout est là; si vous voulez, je vous emmène encore au fond des bois.

— Oh! ce serait mon rêve, mais je ne veux pas vous arracher à vos triomphes de tous les jours. D'ailleurs chez vous c'est une manière de parler: vous n'aimez les bois que dans la chasse à courre; s'il vous fallait toute une semaine vous y promener avec moi bras dessus bras dessous, vous m'auriez bientôt envoyée à tous les diables.

Le comte d'Aubigné prit Alice sur son cœur.

— Eh bien! ma charmeuse, vous ne me connaissez pas encore. Je vous jure que ma vraie joie serait de vous emmener dans les solitudes, de vous y cacher comme on cache son bonheur, de vivre dans votre amour et de votre amour pendant toute une saison. Je ne crois pas aux passions éternelles, mais je suis sûr de vous aimer à perte de vue. Voulez-vous partir ?

— Sans Cornillac ?

— Sans Cornillac ! Je briserai vaillamment tout ce qui me retient à Paris.

— Vous feriez ce sacrifice pour moi ?

— Avec joie.

On s'embrassa encore ; l'étreinte fut si douce qu'Alice pâlit et se dit avec effroi :

— Si je l'aimais trop !

Elle courut chez la comtesse.

— Ah ! ma chère amie, cet homme me fait peur.

— Pourquoi donc ? demanda Mme Kaosoff.

— Parce que j'ai beau faire pour le dominer et pour me moquer de lui : je me sens prise corps et âme.

La comtesse regarda son amie dans les yeux.

— Vous tomberiez lâchement à ses pieds au lieu de le conduire par le bout du nez! allons donc! vous êtes trop fière pour cela.

— Que voulez-vous, la fierté vient du cœur; or quand le cœur est vaincu...

— Je crois que vous redevenez folle.

La comtesse avait repris son air dominateur.

— Oh! je ne suis pas vaincue encore, murmura Alice.

— Non, je ne puis croire que vous tombiez sitôt dans la bêtise des grisettes qui achètent du charbon pour mourir d'amour; il faut laisser ça aux blanchisseuses et aux femmes de chambre sans place. Allez-vous oublier que vous êtes une fille de race?

— La race n'y fait rien; je ne connais d'ailleurs que deux sortes de femmes: celles qui aiment et celles qui n'aiment pas.

— Eh bien! il faut être de la seconde sorte : celles-là seules sont fortes et invincibles. Ma pauvre enfant, si vous aviez le malheur d'aimer trop M. d'Aubigné, il vous ferait mordre la poussière avant vingt-quatre heures. Ah! comme il se moquerait de vous avec toutes les coquines de son entourage! car vous savez bien qu'il mène toujours ses passions comme ses chevaux, quatre à la fois.

Mlle de Reviers baissa la tête sous une profonde tristesse.

— Après tout, dit-elle, je sais bien que je n'ai pas le droit de l'aimer; je suis loyale; j'ai juré de vous obéir.

Et en essayant un sourire :

— N'ai-je pas donné mon âme au diable ?

On sait déjà que Mlle de Reviers était entrée de plain-pied dans un enfer rose. Plus elle voulait braver l'amour plus elle était conquise. C'est en vain qu'elle se révoltait contre elle-même ; au lieu de briser sa chaîne, elle la dorait. C'était l'imagination la plus poétique du monde. Elle vivait bien plus d'idéal que de réel. La rêverie hantait son cœur le jour et la nuit. D'autres ne voient que par les yeux corporels, elle voyait tout par les yeux de l'âme. Dès qu'elle pénétrait dans le monde de son amour, dès que lui apparaissait la figure du comte d'Aubigné, les couleurs du prisme miroitaient devant elle. Elle s'abandonnait avec une volupté mystérieuse aux entraînements de sa passion. Il n'y avait point de jour qui ne fût un jour de fête si elle le passait avec son amant. Tout amusait son cœur en amusant son esprit.

Elle s'abandonnait au courant, heureuse de toucher aux rêves inespérés. Elle trouvait tout simple et tout naturel de réaliser son rêve. Les femmes ne doutent de rien quand elles sont amoureuses et quand on les aime.

Mais un fantôme passait sur tout cela.

XXXVI

DEUX DIAMANTS, DEUX LARMES

Mme DE KAOSOFF ne réveillait pas Alice de cette somnolence charmeuse et pourtant inquiète ; elle attendait l'heure et le moment.

Alice oubliait presque le fameux contrat. Elle se disait bien qu'un jour ou l'autre, la vengeance de la comtesse reparaîtrait en scène, mais elle comptait sur son amitié.

« Elle me trouve si heureuse, pensait-elle, qu'elle s'adoucira dans ses colères, jusqu'à oublier que je dois la venger. »

La Kaosoff n'oubliait pas du tout.

Elle se doutait bien que Mlle de Reviers aurait voulu oublier.

Elle disait, en haussant les épaules :

« Cette grande bête s'imagine que je lui donne trois mille francs par mois pour qu'elle soit heureuse. »

Un jour que la comtesse avait du monde à dîner, elle pria Alice d'être de ce festin, en lui disant qu'elle ne voulait pas d'autres femmes.

Alice essaya de refuser :

— Chut! lui dit Mme Kaosoff, vous n'avez pas la parole.

Mlle de Reviers comprit qu'elle n'avait qu'à obéir ; elle alla donc à ce dîner.

Mais ce fut un vrai bonnet de nuit, selon l'expression de la comtesse. Elle mangea à peine, elle parla peu, elle ne dit rien qui vaille. C'était pourtant une belle compagnie, mais on n'avait pas invité M. d'Aubigné.

Quand on fut passé dans le petit salon pour prendre le café — on avait dîné dans le grand salon, faute de salle à manger — Mme Kaosoff félicita ironiquement sa jeune amie de son entrain.

— En vérité, vous avez été admirable !

Alice semblait revenir de Pontoise.

Elle comprit enfin qu'elle n'était venue là

qu'avec un corps sans âme. Elle « rentra chez elle, » décidée à être charmeuse.

Et elle le fut.

— A la bonne heure, dit la comtesse, je vous retrouve ! Vous aviez fait le mauvais temps tout autour de vous. Voyez comme ces messieurs sont rembrunis ?

Il y avait là, tout à propos, un amoureux de Mlle de Reviers. La comtesse le jeta vers elle, pendant que son amie ouatait son éventail. L'amoureux — un grand d'Espagne — voulut y aller bon train, mais Alice leva bien vite le pont-levis par ces simples paroles :

— J'aime le comte d'Aubigné.

— Ne la croyez pas, dit Mme Kaosoff qui écoutait aux portes.

Et un instant après, prenant Alice à part :

— Songez donc que celui-là, qui est fou de vous, est homme à jeter cent mille francs sous les pieds de vos chevaux.

— Je ne suis pas une femme d'argent.

— Vous êtes à encadrer, ma chère. Il paraît que vous avez assez de ce que je vous donne.

Ce mot brutal rappela Alice à la réalité. Elle ne répondit pas et elle se dit à elle-même :

« Et moi qui voulais me payer le luxe d'aimer pour rien. »

Elle prit l'air du monde le plus soumis et le plus naïf.

— Vous savez bien, ma chère comtesse, que je suis à vos ordres. Mais je ne crois pas à ces cent mille francs qu'on jette sous les pieds des chevaux.

— Je vous en réponds; faites des coquetteries à M. d'Orowa, ce qui ne vous oblige pas à briser avec M. d'Aubigné.

— Je comprends, murmura Alice. C'est le commencement de sa vengeance : elle veut allumer la jalousie de M. d'Aubigné, mais je lui dirai tout.

Naturellement, Mlle de Reviers ne dit rien à son amant : elle risquait de perdre son amour.

Ce soir-là elle fit des agaceries à ce M. d'Orowa, se promettant bien de couper court s'il lui marchait sur le pied. « Il faut bien pourtant, pensait-elle, ne pas voler l'argent de la comtesse. »

Quand, vers minuit, elle retrouva M. d'Aubigné, elle fut plus expansive que jamais. Elle semblait vouloir se donner mille fois pour qu'un autre ne pût rien lui prendre.

Mais le lendemain la comtesse l'entraîna plus loin dans cette nouvelle aventure.

Il lui fallut se soumettre encore. On alla déjeuner à Saint-Germain. M. d'Orowa, qui se croyait presque à l'heure du triomphe, fut le plus entraînant des tentateurs. Au dessert, en passant une grappe de raisin à Mlle de Reviers, il lui mit dans la même assiette deux solitaires de la plus belle eau.

— Oh! les beaux grains de raisin! s'écria Mme Kaosoff, qui était prévenue. Voilà qui est merveilleux!

Alice rougit. Deux autres diamants de la plus belle eau tombèrent de ses yeux.

C'était déjà le supplice.

XXXVII

COMMENT LA KAOSOFF RENTRA DANS SES DIAMANTS

AH! par exemple, s'écria la comtesse, voilà une belle occasion de vous débarrasser des breloques que je vous ai données ; j'en suis toute confuse.

En disant ces mots, la Kaosoff s'était levée. Elle alla embrasser Alice :

— N'est-ce pas que vous allez être belle !

Elle détacha les pendants d'oreilles d'Alice et attacha les solitaires de M. d'Orowa.

Naturellement la comtesse mit, ce qu'elle appelait les breloques, dans sa poche.

— Et maintenant, dit-elle, en s'assurant que

le garçon n'était pas là. Vous allez vous embrasser.

Alice se laissa faire, — elle donna son front, puis ses joues, — mais elle était alors bien loin du pavillon Henri IV.

« Que dirai-je à M. d'Aubigné, pensait-elle, quand il verra ces diamants ? »

Et comme la femme est toujours femme, elle ajouta : « Tant pis ! je lui dirai que ce sont des diamants de Bourguignon. D'ailleurs, s'il m'en avait donné, je pourrais refuser ceux-là. »

Qui fut bien attrapé ? ce fut M. d'Orowa, lorsqu'au retour de Saint-Germain, comme il voulait entrer chez Alice, après avoir laissé la comtesse chez elle, Alice se posa sur le seuil de sa porte, en lui disant :

— Vous n'irez pas plus loin.

— Mais, je vous aime !

— Oui, mais de grâce, laissez-moi le temps de ne plus en aimer un autre.

— Êtes-vous en fin de bail ? combien vous faut-il encore de temps pour donner congé à votre amant ?

— Je vous le dirai à notre prochain voyage.

On se quitta avec beaucoup de courtoisie. Mais

si M. d'Orowa espérait que le prochain voyage se ferait à Cythère, pour parler le style démodé, Mlle de Reviers se promettait bien de ne pas aller de ce côté-là.

XXXVIII

L'AMOUR DOUTE DE L'AMOUR

Quand elle revit le comte, elle se jeta dans ses bras avec plus d'effusion que jamais.

— Oh ! comme je t'aime ! dit-elle en l'embrassant.

Il la regarda avec amour :

— Tu as pleuré ? Qu'y a-t-il donc ? Je suis sûr que tu viens de chez la Kaosoff ?

— Non, répondit-elle, si j'ai pleuré c'est que l'amour est triste, si l'amour est triste, c'est que j'ai peur que tu ne m'aimes plus longtemps.

— Aimera bien qui aimera le dernier. Ce sera moi. Est-ce qu'il y a au monde une femme aussi adorable que ma divine Alice !

» Mme de Reviers fut sur le point d'ouvrir son cœur à son amant : pourquoi ne pas tout dire? pourquoi ne pas arracher de ses oreilles ces diamants qui la brûlent? pourquoi ne pas renvoyer à sa fatale amie cette montre qui marque les battements de son cœur dans la fièvre? pourquoi ne pas jeter au feu ces robes qui sont toujours la robe de Déjanire?

Elle faillit parler, mais un autre sentiment passa dans son esprit : si le comte ne devait l'aimer qu'un jour? s'il devait la jeter de côté comme il avait fait de la comtesse, à qui irait-elle se confier dans sa douleur? fallait-il donc sacrifier l'amitié à l'amour, l'amitié qui dure à l'amour qui n'a qu'un temps? Après tout elle n'avait pas trop à se plaindre de Mme Kaosoff, qui avait eu pour elle toutes les bontés. Le comte lui donnait son cœur, mais c'était tout. Ne vivait-elle pas par la grâce de Mme Kaosoff? pourquoi n'avait-il pas l'art de pénétrer sa misère? fallait-il donc qu'elle lui demandât de l'argent pour qu'il fût généreux! Et s'il ne lui en donnait pas? car sa fortune était plus ou moins compromise : il courait après un billet de mille francs, comme d'autres courent après une pièce de cent sous. Quoiqu'elle l'aimât jusqu'à l'aveuglement, elle ne pouvait s'empêcher de trouver étrange qu'il ne s'inquiétât pas de sa situation si périlleuse. La comtesse au contraire avait été presque parfaite : elle dépassait généreusement chaque mois les trois mille francs du fameux contrat ; bien mieux, elle s'évertuait à combattre toutes les difficultés de sa vie par des cadeaux faits de la main la plus délicate du monde ; ainsi, elle lui avait donné deux chevaux anglais fort admirés au Bois, en lui disant qu'on les lui avait offerts à elle-même, mais que son écurie était trop petite.

Alice garda donc son secret, en se disant que ce serait une félonie de trahir ainsi celle à qui elle devait tant.

Elle se résigna à vivre dans sa fièvre, jusqu'au jour où il plairait à la comtesse de lui rendre sa liberté.

Le contrat pourtant n'était pas sérieux ; elle avait donné sa signature en riant, mais elle avait été sérieuse en tenant sa parole ; quatre mois déjà s'étaient passés, elle comptait qu'il lui faudrait commencer par remettre à peu près mille louis à Mme Kaosoff avant de lui redemander sa liberté. Qui lui donnerait à elle ces mille louis ?

Qui sait si M. d'Aubigné se résignerait à donner gaiement cette somme d'un seul coup? Les trouverait-il sous la main? La question d'argent n'étoufferait-elle pas la question d'amour?

— Non, non, je ne lui dirai rien, murmura Mlle de Reviers.

Elle n'était pas d'ailleurs très-édifiée des beaux sentiments de son amant : il l'aimait, mais n'en aimait-il pas d'autres? Il avait tant prôné la pluralité des femmes qu'il retournait peut-être çà et là à ses belles habitudes, car il n'avait pas brisé avec sa vie à toute bride.

XXXIX

SILHOUETTE

Le comte d'Aubigné, quand il rencontrait Mme Kaosoff, ne la regardait pas sans éprouver je ne sais quel sombre pressentiment.

— C'est bien « la Madone du mal, » disait-il.

Il se demandait ce qui, un soir, l'avait violemment séduit en elle. C'était peut-être sa perversité.

Un jour que Mlle de Reviers lui parlait de son amie, elle voulut savoir elle-même comment il avait été enjôlé à première vue.

Voici ce qu'il répondit :

— On aime les femmes parce qu'elles sont des anges ou parce qu'elles sont des démons. J'ai quasi aimé celle-ci, parce qu'elle a donné l'hospitalité à toutes les coquineries, parce qu'elle a un cortége de mauvaises passions.

— Mais, remarqua Mlle de Reviers, la comtesse n'est pas si mauvaise qu'elle en a l'air. Il y a des jours où elle me fascine...

— Comme l'abîme.

— Savez-vous pourquoi c'est une vraie femme ? C'est qu'elle a gardé son cœur, c'est qu'elle n'est pas encore revenue des passions. L'amour de l'or n'a pas tué en elle l'amour de l'amour. Il y a des moments où le despotisme de son caractère tombe sous les brisements de son âme.

— Allons donc, elle n'aime que les larmes des autres !

— Je la connais mieux que vous. Elle aime à faire souffrir, mais elle aime aussi à souffrir.

— Je la connais mieux que vous ; si elle peut faire votre malheur, vos larmes lui suffiront. Elle aimera mieux vous voir pleurer que de pleurer elle-même.

Alice en eut bientôt la preuve.

XL

OU LA COMTESSE DÉMASQUE SES BATTERIES

Le lendemain matin, vers onze heures, comme Alice partait pour aller déjeuner chez M. d'Aubigné, le valet de pied de la comtesse lui remit cette petite lettre :

« Toute belle,

« Les choses vont comme sur un chemin de
« fer, je pourrais dire sur un chemin d'or;
« M. d'Orowa est fou, archifou : il veut faire
« votre fortune malgré vous. Puisque vous
« lui faites tourner la tête, ne tournez plus la
« vôtre de l'autre côté. Je vous arrache aux dé-
« lices de Capoue. Vous n'imaginiez pas que

« votre *far niente* amoureux durerait toujours.

« Donc, voici l'ordre et la marche : vous vien-
« drez dîner à huit heures ; faites-vous belle, et
« ne laissez pas votre esprit chez vous. N'y
« laissez que la moitié de votre cœur. Ce sera un
« vrai dîner d'amoureux dont je ne troublerai
« pas longtemps le tête-à-tête, puisqu'il faut que
« je sois à neuf heures au Gymnase.

« Quand je serai partie, vous ferez de la mu-
« sique, si vous voulez, vous chanterez le duo
« de *la Favorite :*

Pour tant d'amour ne soyez point ingrate !

« Après quoi, je m'en lave les mains.

« Arrivez un quart d'heure avant le dîner
« pour que je vous embrasse et que je vous
« dicte votre rôle, à charge de revanche.

« K. »

Pourquoi la comtesse écrivait-elle cette lettre, au lieu d'appeler Alice pour lui dire tout cela ? C'est que la dignité noble et simple de cette jeune fille l'embarrassait quelque peu. Elle qui n'avait peur de rien, elle n'osait parler à cœur ouvert devant Mlle de Reviers qui était comme sa conscience en révolte. Elle aimait mieux lui écrire, sauf à mettre les points sur les I dans une causerie intime. Elle dominait la jeune fille par son cynisme, mais la jeune fille la dominait aussi par l'élévation de ses sentiments.

Mlle de Reviers fut frappée d'un coup terrible par cette lettre inattendue; elle avait eu beau croire la comtesse capable de toutes les perversités, elle ne s'était pas imaginé que Mme Kaosoff en arriverait là.

Le contrat était donc sérieux : il fallait obéir.

Jusque-là, la comtesse lui avait donné une vingtaine de mille francs. Demanderait-elle ces vingt mille francs à M. d'Aubigné? Mais, par quelques paroles surprises çà et là, elle savait que le comte lui-même courait souvent après un billet de mille francs. Et d'ailleurs quelle figure ferait-elle devant lui, elle qui était si fière, après lui avoir parlé d'argent?

Lui dirait-elle pourquoi cet argent? Lui parlerait-elle de cet odieux contrat?

Elle tuerait son amour d'un seul mot s'il l'aimait encore; elle n'oserait plus l'aimer à cœur ouvert, tant elle se croirait indigne de lui.

Et puis, pouvait-elle donc trahir la comtesse?

N'était-ce pas elle qui lui avait donné par ricochet toutes les joies de l'amour?

Comment la payer par la révolte?

Alice alla déjeuner chez M. d'Aubigné, ne sachant pas encore si elle lui dirait la vérité. Mais à peine était-elle à table à côté de lui, que son secrétaire vint l'avertir, — à demi-mots, — que le Crédit foncier ne prêtait pas sur seconde hypothèque.

La figure du comte exprima une si vive contrariété, que Mlle de Reviers prit son parti de ne lui rien dire. Elle murmura ces paroles bien connues : Les rêves commencent sur la terre et finissent dans le ciel.

Le déjeuner fut triste. Le comte avait hâte d'aller chez son notaire. Il avait perdu beaucoup d'argent aux courses; il avait payé par la main d'un ami; mais il lui fallait payer à son tour.

Jusque-là M. d'Aubigné avait dépensé beaucoup d'argent pour sa maîtresse, sans lui donner un sou.

Il se promettait tous les jours de s'occuper un peu de la fortune d'Alice, mais elle lui était arrivée pendant sa déveine, aussi disait-il à un de ses amis : « C'est étrange, je suis l'homme le plus heureux du monde avec Mlle de Reviers, mais elle me porte la *guigne*, décidément le proverbe a raison. »

Depuis que le comte était l'amant d'Alice, l'or avait coulé dans ses mains, sans qu'il pût le garder, emporté ici par le jeu, là par les dettes. Si bien qu'il attendait toujours une occasion pour aborder le chapitre délicat de la question d'argent.

A une jeune fille comme elle, il ne pouvait parler d'un billet de mille francs; aussi se réservait-il de faire bien les choses quand il le pourrait.

Que j'en ai vu de ces beaux prodigues qui étouffaient les femmes sous les fleurs et qui les laissaient mourir de faim!

Alice, il faut le dire, ne provoquait pas une conversation sur ce chapitre, tant elle avait l'air d'être détachée des choses de ce monde. M. d'Aubigné supposait qu'elle avait quelque bien dont il ne voulait pas savoir l'origine. Était-ce un patrimoine? Était-ce de l'argent pris sur l'ennemi? car il ne la croyait pas si pure qu'elle l'était. Qu'importe! puisqu'elle semblait si heureuse sans lui en demander.

« Plutôt mourir! dit-elle, en le quittant ce jour-là. »

XLI

LA ROBE DE MARIÉE

Dans ces situations presque tragiques où il y va de la mort du cœur, on prend conseil de tout.

Alice se mit à son secrétaire, ne sachant que faire, comme pour interroger M. d'Aubigné lui-même. Elle relut quelques-unes de ses lettres. Je ne sais pourquoi, ce jour-là, elle y trouva une pointe de raillerie qu'elle n'avait pas sentie encore.

« La comtesse a raison, dit-elle; il a beau jurer qu'il m'aime, on sent là-dessous que c'est un moqueur et un sceptique. »

Et comme elle feuilletait toujours les lettres du

comte, elle trouva sous ses doigts un imperceptible petit flacon qui la fit sourire tristement.

« C'est la mort qui me tend la main, » dit-elle.

Elle ne s'expliquait pas bien comment ce petit flacon, qui lui rappelait son premier amour, revenait ainsi au troisième. Elle qui n'avait rien gardé du passé, comment avait-elle gardé si longtemps ce poison? Trois gouttes d'acide prussique! Mais le poison avait-il encore sa vertu?

« Mourir! dit-elle, quand on aime, c'est s'endormir dans son rêve. »

Elle regarda le petit flacon.

« Vivre! On vit pour quelqu'un; mais si je trahis M. d'Aubigné, ce sera l'enfer. »

On « blague » beaucoup les femmes quand elles parlent de la mort. On ferait mieux de les rappeler à la raison ou de les consoler, car une femme qui parle de la mort en est à deux pas; du moins elle en est sur le chemin. S'il y a moins de suicides, c'est que la plupart des femmes se manquent. Il est reconnu qu'il est bien difficile de s'empoisonner. Je connais une demi-douzaine de femmes qui se sont empoisonnées jusqu'à trois fois, et qui se portent comme vous et moi. Et pourtant elles n'y sont pas allées de main morte. La mort ne prend bien que ce qu'elle veut prendre.

Vers sept heures, cependant, la femme de chambre vint dire à Alice qu'il fallait s'habiller.

— Oui, apportez-moi ma robe blanche.

— Quelle singulière idée ! Mademoiselle veut être en mariée ?

— Oui, en mariée, vous avez dit le mot. Est-ce que je ne serai pas belle en mariée ?

— Oh ! mademoiselle est toujours belle, et sera toujours belle.

— Croyez-vous que je serai belle quand je serai morte ?

— Oui, j'en réponds, mademoiselle fera une très-jolie morte. Mais, Dieu merci ! ce n'est pas moi qui vous fermerai les yeux.

Ce fut donc en mariée que Mlle de Reviers alla dîner avec M. d'Orowa.

— En vérité, lui dit la comtesse en l'embrassant, il ne vous manque que le bouquet de fleurs d'oranger.

— N'est-ce pas que je fais bien les choses ?

La comtesse ne remarqua pas le sourire d'amère résignation qui passait sur la figure de son amie.

— Ah! ma chère Alice, jusqu'ici le comte ne vous a pas aimée, croyez-moi, mais comme il vous aimera demain!

— Demain il sera trop tard!

— Oui, demain il vous aimera, parce qu'il sera le plus malheureux des hommes. Voyez-vous, ma petite, il faut des larmes pour arroser cette fleur capricieuse qu'on appelle l'amour.

M. d'Orowa survint. Lui-même avait l'air d'un marié avec sa rose blanche à la boutonnière. Il était beau comme le jour. Habillement irréprochable, souliers de femme, figure barbouillée de poudre de riz, un vrai amoureux à peindre au pastel. Les Espagnoles le trouvaient divin en Espagne.

Alice le trouva ridicule. M. d'Aubigné était un mondain, mais au moins était-il viril. C'était un diable à quatre, tandis que celui-ci n'était qu'un chérubin majeur.

Le dîner fut presque gai, grâce à l'entrain de la comtesse; mais dès qu'elle s'envola pour le Gymnase, il y eut un rude froid dans le tête-à-tête.

M. d'Orowa avait beau s'escrimer pour enflammer Alice, elle semblait à cent lieues de là.

Il lui fallait faire tous les frais de la conversation. Elle ne lui répondait que par monosyllabes.

C'est en vain qu'il trempait à chaque instant ses lèvres dans une coupe de vin de Champagne. Lui-même ne prenait pas feu, quoiqu'il fût profondément épris de Mlle de Reviers.

On se traîna ainsi jusqu'à dix heures. M. d'Orowa avait pris le café à côté d'Alice.

— Pourquoi ne prenez-vous pas de café? lui dit-il.

— Parce que je veux dormir profondément.

— Profondément!

Alice regarda M. d'Orowa.

— Oui! dit-elle avec une gravité pénétrante.

Elle se leva.

Il lui prit les mains et l'attira vers lui. Mais elle se dégagea aussitôt.

— Voyons, lui dit-il, pourquoi ces rébellions? Vous savez bien que je vous aime, et que ma fortune est à vos pieds.

Le moment fatal était venu.

M. d'Orowa rouvrit ses bras, mais Alice s'éloigna avec un sentiment de peur.

Elle sentait que selon son cœur elle ne s'appartenait plus et qu'elle n'avait pas le droit de se donner. Mais elle ne pouvait pas se soustraire plus longtemps au rôle que lui avait tracé la comtesse.

Comme M. d'Orowa la poursuivait dans le salon en homme qui ne doute pas du dénoûment, elle lui demanda grâce. Cette bataille l'obsédait. Elle ne voulait pas même que cet homme la touchât.

— Vous êtes cruelle, Alice ; heureusement que vos boucles d'oreilles sont mes étoiles de salut.

— Oh ! oui, dit Alice, vous les retrouverez.

Et comme il lui avait ressaisi la main :

— Écoutez, lui dit-elle d'un air suppliant, laissez-moi me réfugier dans la chambre de la comtesse. Vous viendrez m'y trouver dans une demi-heure. Allez-vous-en fumer un cigare, je serai là.

— Je vous aime trop pour ne pas croire à votre parole.

M. d'Orowa baisa la main d'Alice, qui courut s'enfermer dans la chambre de la comtesse.

Et quand elle y fut, elle tomba agenouillée. Elle ne dit rien, mais son âme pria.

Quand elle se releva, une pâleur de marbre s'était répandue sur sa figure.

Elle se regarda dans la glace.

« Est-ce que je suis déjà morte ? » dit-elle avec terreur.

XLII

LE LINCEUL D'UN AMOUR

Quand M. d'Orowa, tout emporté par son bonheur, pénétra dans la chambre à coucher, il vit Alice qui l'attendait sur le canapé.

Il s'approcha d'elle et la baisa sur les cheveux.

— Oh! mon Dieu! elle est évanouie!

Il se releva, car il avait mis un genou sur le canapé.

Il courut à la sonnette, mais il ne sonna pas. Il crut encore que c'était un jeu.

— Alice, Alice, dit-il, en la soulevant dans ses bras.

Mais presque aussitôt il s'écria :

— Elle est morte !

Il perdait la tête.

— Et moi qui croyais qu'elle avait mis cette robe de mariée pour moi.

A onze heures et demie, quand Mme Kaosoff revint du Gymnase, elle trouva tout l'hôtel sens dessus dessous.

— Madame, madame, lui dit sa femme de chambre, c'est Mlle Alice qui s'est empoisonnée.

— Décidément, cette fille était folle, dit la comtesse en courant à sa chambre.

Il y avait là un médecin, il y avait là M. d'Orowa.

La comtesse était plus furieuse qu'attristée, surtout quand elle vit que Mlle de Reviers n'était pas morte.

On peindrait mal le désordre de la chambre à coucher où cette belle créature avait vu de si près la mort.

Le lit n'était plus qu'un chenil. Le tapis était ruisselant de tous les contre-poisons pris et rejetés.

La comtesse ne put s'empêcher de dire tout bas à M. d'Orowa :

— Eh bien ! on lui en donnera encore des chambres nuptiales !

Et comme l'amoureux était atterré, elle ajouta :

— Ne vous désolez pas, il faut qu'à chaque aventure elle fasse son roman, mais demain elle vous adorera. C'est une poseuse.

— Merci, j'ai bien assez posé comme ça !

Alice n'en mourut donc pas. Elle fut bien heureuse de se retrouver vivante dans les bras de M. d'Aubigné.

— Après tout, disait la Kaosoff, ce n'est pas trop cher d'avoir payé les diamants de M. d'Orowa par trois gouttes d'acide prussique !

XLIII

LA VEILLE DE LA FÊTE

Dans son bonheur amoureux Alice n'avait pas la douce quiétude du lendemain, elle pressentait la catastrophe, elle devinait que son impérieuse amie ne la laisserait pas longtemps filer des jours d'or et de soie.

Sans doute il faudrait lui payer cher ces heures bienheureuses; le réveil serait terrible; en attendant, elle se couchait encore dans les roses.

— Es-tu contente de ta vie? lui demanda un jour le comte d'Aubigné.

— C'est un rêve, répondit-elle. C'est un si beau rêve que je voudrais mourir avant de me réveiller.

On s'embrassa.

— Et toi? reprit-elle en regardant le comte.

— Moi? répondit-il, en lui prenant la tête dans les mains et sous les lèvres : je suis effrayé de mon bonheur.

— Vois-tu, c'est que tu es comme moi, tu as peur de demain.

— Demain? pourquoi craindrais-je demain? demain est à Dieu, Dieu ne m'en veut pas.

Ceci se passait dans la chambre de Mlle de Reviers.

Les amants se promenaient appuyés l'un sur l'autre, lui respirant les beaux cheveux de sa maîtresse, elle voyant ses yeux bleus dans les yeux noirs de son amant.

— Quoi qu'il arrive, reprit-il, je veux marquer d'un signet cette belle page de ma vie. Le bonheur doit se cacher, c'est vrai, mais il n'y a pas grand mal non plus à montrer qu'on a le cœur content.

— Que veux-tu faire?

— Je veux donner une fête dans mon hôtel à tous mes amis; ils m'aiment assez pour ne pas être offensés de ma bonne fortune. On dit d'ailleurs que je suis toujours enchaîné dans le passé,

Je veux prouver que tout est brisé entre moi et les femmes que j'ai aimées.

Comme Alice eut un mouvement de jalousie, le comte se hâta de reprendre :

— Je veux dire toutes les femmes qui m'ont aimé.

— Et que fera-t-on dans cette fête?

— On dînera gaiement; nous aurons des violons; on fera un tour de valse; on finira par souper.

— Total : toute une nuit sans nous voir.

— Comment toute une nuit? mais je ne verrai que toi.

— Oh! pour moi, dès que je ne suis plus seule avec toi, je ne te vois plus. Je me figure que je suis à la comédie des ombres chinoises, ce sont les tourbillons dans le rêve.

— Allons, allons, te voilà encore ruisselante d'insenséisme, comme dit ton ami le poëte.

Les amants devisèrent encore de la fête. M. d'Aubigné décida que tout Paris en serait. On ferait dans le jardin de l'hôtel toute une salle de spectacle, où ces dames de la comédie et ces demoiselles de l'Opéra viendraient, vaille que vaille. Alice présiderait dans tout l'éclat de sa beauté; on dirait que c'est le jour de sa fête pour lui faire un triomphe.

— Et pour ce jour-là, lui dit le comte, je veux qu'on te fasse une robe merveilleuse.

Alice était trop amoureuse pour ressentir les voluptés de l'orgueil. Elle laissait parler son amant et souscrivait à tous ses desseins, mais sans se promettre comme lui de centupler son bonheur, parce que cent personnes le verraient heureux.

Elle songeait déjà au lendemain de la fête.

— C'est ce jour-là, dit-elle, que je serai bien heureuse, car je me retrouverai seule avec lui; il sera plus fier de moi et je serai plus encore dans son amour.

Il fallut bien annoncer cette fête à Mᵐᵉ Kaosoff; elle ne pourrait pas trouver cela mauvais, au contraire, puisqu'elle conseillait sans cesse à Alice de faire du bruit avec la passion du comte.

Dès que la jeune fille donna la nouvelle à son amie, la comtesse s'écria :

— Ce sera la fête sans lendemain.

— Et pourquoi? demanda Alice avec inquiétude.

— Pourquoi? parce que nous sommes au moment psychologique, parce que le moment est venu de frapper un grand coup, parce que ma vengeance commence à rire à belles dents.

La comtesse montra un sourire terrible.

— Je ne vous comprends pas, murmura la jeune fille.

— Vous ne comprenez pas que le comte veut vous montrer à tout Paris comme un soldat montrer un drapeau pris sur l'ennemi. Vous vous figurez qu'il vous aime, ma pauvre enfant! Il n'aime que son orgueil. Il est fier de vous parce que vous êtes belle. Il veut qu'on dise qu'il a devers lui la plus jolie fille du monde, une fille de race, une fille d'esprit, une fille de cœur, qu'il a conquise haut la main.

La comtesse voyait combien Alice était émue.

— Voyons, voyons, ne retombez pas encore dans la bêtise du sentiment; une fois pour toutes apprenez donc à connaître cet homme sans cœur qui joue à l'amour comme les coquins jouent au baccarat. Si je n'y mettais bon ordre, savez-vous ce qu'il ferait?

Alice regarda la comtesse comme pour lui dire qu'elle ne savait pas.

— Eh bien, ma chère amie, le lendemain de la

fête, comme il aurait prouvé à tout Paris que vous êtes sa maîtresse, il vous jetterait de côté comme un chiffon déchiré, ou comme un cigare à demi brûlé. Oui, ce don Juan de contrebande aurait hâte de courir à d'autres aventures. Je lui enverrais ce jour-là ma femme de chambre déguisée en aventurière, qu'il vous mettrait à la porte pour commencer un autre roman.

— Je n'en crois pas un mot, murmura Alice avec une dignité contenue.

— Vous êtes entêtée, vous, Dieu merci ! Vous figurez-vous donc que vous allez recommencer avec lui l'histoire de Philémon et Baucis? Vous êtes trop bête en vérité. Il joue avec vous comme avec une poupée ! Allons, allons, ma petite, revenez à vous et foulez aux pieds toutes ces chimères : soyez femme !

La comtesse prit les mains de la jeune fille.

— Si je ne vous arrachais pas à cette misère vous tomberiez dans le gouffre la tête la première. Il y a des passions qui tuent. Si on ne rebrousse pas chemin on va droit à l'abîme.

Et la comtesse parodia le vers de Victor Hugo:

Que j'en ai vu tomber, hélas! de jeunes filles!

Après quoi elle adressa cette étrange question à la maîtresse de M. d'Aubigné :

— Que vous a-t-il donné depuis quatre mois?

— Il m'a donné quatre mois de bonheur !

— Soyons sérieuses toutes les deux : combien vous a-t-il donné d'argent?

Ce mot brutal fut un coup au cœur d'Alice qui répondit :

— Il ne m'a pas donné d'argent.

— Vous n'avez pas vécu de l'air du temps ?

Alice rougit et pâlit.

— Il ne vous a pas seulement offert un bijou; toute autre à votre place aurait des perles et des diamants. Croyez-vous donc que ses perles vous brûleraient le cou et que ses diamants vous brûleraient les oreilles.

— Je n'y ai pas songé, dit simplement la jeune fille.

— Ni lui non plus, c'est l'amour au rabais. Je le reconnais bien là. S'il vous aimait, il se fût évertué à vous faire belle.

— Croyez-vous donc que je serais plus belle avec des perles et des diamants ?

— Oui. Rappelez vous le mot d'Impéria : « Ce

sont là les girandoles qui éclairent la figure. » Si bien que si tout se brise entre vous, vous allez vous retrouver comme un petit saint Jean : ni sou ni maille, on se moquera de vous, lui tout le premier.

— Lui, non, puisque je ne lui ai rien demandé.

— Heureusement qu'il est temps de réparer toutes vos sottises, ma belle.

— Comment ferai-je ?

— N'allons pas plus vite que les violons. Le jour même de la fête venez dejeuner avec moi, je vous dirai votre rôle mot à mot.

Quand Alice quitta Mᵐᵉ Kaosoff elle était fort troublée; les nuages du doute obscurcissaient son front; elle n'osait plus croire à l'amour du comte. S'il allait ne plus l'aimer ! si cette femme avait raison ! si ce n'était qu'un jeu cruel !

Elle s'avoua que sans doute elle se créait des illusions ; le comte n'avait jamais eu de passions sérieuses, pourquoi serait-il plus amoureux d'elle que d'une autre ? elle n'était ni plus belle que celle-ci, ni plus charmante que celle-là.

— Mais je l'aime tant ! murmura-t-elle avec des yeux voilés de larmes.

Comme elle n'osait pleurer en présence de M™° Kaosoff, elle s'en donna à cœur joie dès qu'elle fut dans son coupé.

O la volupté des larmes pour les amoureuses !

XLIV

LE SERPENT ET LA COLOMBE

De loin en loin la comtesse avait revu Katinka, son ancienne servante, qui n'était point restée avec elle parce qu'elle la payait mal et parce qu'elle était intraitable; mais quand elles se rencontraient toutes les deux c'était avec la joie des souvenirs.

On se retournait vers le passé et on savourait une fois de plus les beaux jours évanouis.

Ce fut dans une de ces expansions que la comtesse, retrouvant Katinka à Paris, la décida à rentrer chez elle, ne fût-ce que pour la saison d'été, car sa compagnonne de 1855 devait retourner à Pétersbourg pour la saison d'hiver avec une cantatrice bien connue.

Quand Katinka reprit son service chez la comtesse, c'était quelques jours avant la fête du comte d'Aubigné.

La Kaosoff n'avait rien de caché pour Katinka, hormis ce que cachent les femmes, même à elles; car elles ont toujours un coin mystérieux du cœur où elles n'osent pénétrer tant il est noir.

La comtesse conta donc en quelques mots l'histoire de Mlle de Reviers.

Katinka hocha la tête.

— Madame, mon opinion est que vous ne ferez rien de cette fille, car elle n'est pas née comme vous pour les grands rôles. Autant vous avez du serpent, autant elle a de la colombe.

XLV

LE FESTIN

EPENDANT vint le grand jour.
Tout Paris parlait de la fête. Le comte était très-aimé dans tous les mondes à la mode, le monde du sport, le monde des artistes, le monde des lettres, le monde des théâtres. On s'amusait beaucoup chez lui, parce qu'il recevait en grand seigneur avec la vieille cordialité française. Et puis on s'amusait dans la maison parce que tous les conviés y étaient chez eux; lui-même avait l'air d'être un invité, tant il affectait de n'être pas le maître du logis.

On prépara un festin sans pareil, Alice, qui était devenue l'Égérie de ce charmant intérieur, veilla à tout. Elle fit faire des menus par un peintre ami de la maison, qui étaient des petits chefs-d'œuvre d'esprit et de couleur. Ce fut Alice qui marqua les places; elle devait être en face du comte, entre un ministre étranger, le plus parisien des parisiens, et un académicien, le plus jeune et le plus célèbre.

Tout était donc bien ordonné, rien ne devait manquer à la fête.

Alice oublia d'aller déjeuner chez la comtesse. Vers trois heures, comme sa couturière n'arrivait pas, elle se jeta dans le coupé du comte pour aller chercher sa robe. Chez la couturière elle rencontra Mme Kaosoff, qui avait empêché que la robe ne partît, en disant qu'elle voulait voir sa jeune amie dans toute sa beauté. On venait d'envoyer un exprès pour avertir Mlle de Reviers.

Les deux amies s'embrassèrent tout aussi agitées l'une que l'autre, après quoi Alice défit sa robe pour mettre celle qu'on venait de lui faire. Ce fut parmi toutes ces demoiselles un cri d'admiration ! Rien n'était plus facile à habiller que cette jeune fille, — des épaules tombantes, un beau sein, un torse sculptural. — C'était à la fois la grandeur, la grâce et le désinvolté. — Tous les cris d'admiration ne l'empêchèrent pas de s'apercevoir que la robe la serrait trop aux bras, ce qui la contraignait dans son abandonnement naturel.

— Eh bien! elle a raison, dit Mme Kaosoff, lâchez un peu ces coutures et envoyez la robe chez moi. Je veux lui servir de femme de chambre.

La comtesse emmena donc sa jeune amie chez elle, d'où elle envoya chercher Hugot pour la coiffer. Quand la robe arriva, elle la lui mit elle-même, comme elle eût fait pour sa fille.

Elles restèrent seules dans le salon, la comtesse tourna autour d'Alice comme on tourne autour d'une belle statue.

— Vous n'avez jamais été si belle! lui dit-elle avec un accent amer qu'elle voulait vainement cacher. Vous êtes amoureuse, ce qui vous donne plus de beauté encore; vous êtes heureuse, ce qui vous fait plus belle que la beauté.

— Comme vous êtes bonne de me parler ainsi! murmura Mlle de Reviers.

Et elle embrassa son amie.

A cet instant, la comtesse alla fermer à la clef les deux portes du salon, Alice la regarda, moitié souriante, moitié inquiète. Comme Mme Kaosoff était sérieuse, elle se dit : « Est-ce qu'elle est folle? »

XLVI

ÊTES-VOUS CONTENT?

CEPENDANT il était près de sept heures, M. d'Aubigné était fort surpris de ne pas voir venir Alice, mais il ne doutait pas encore qu'elle n'arrivât à temps pour recevoir les convives ou du moins pour se mettre à table.

Sept heures sonnèrent.

« Ce qu'il y a de plus étrange, pensait le comte, c'est qu'elle a pris mon coupé. Pourvu que mes chevaux ne se soient pas emportés comme il y a huit jours, avec ce cocher anglais qui est toujours entre deux vins. »

Il sonna et donna l'ordre d'aller chez Mlle de Reviers.

Il commençait à frapper du pied avec impatience. Ses amis avaient beau lui dire qu'on avait maintenant l'habitude de dîner fort tard, il était visiblement anxieux.

— Elle a donc perdu la tête! disait-il à Cornillac.

— Je t'ai toujours corné aux oreilles qu'elle était toquée.

— Quoi, c'est elle qui donne cette fête, et elle se fait attendre comme une invitée!

Cette fois ce fut Cornillac qui jeta de l'eau sur le feu.

— Mais! mon cher, tu ne sais donc pas que les couturières n'ont jamais fini une robe! Je suis sûr qu'à l'heure qu'il est, le dernier poignard n'est pas encore piqué... Le mal n'est pas bien grand, Alice fera tout à l'heure une entrée ébouriffante. Il n'y a plus que les petites bourgeoises qui attendent leurs convives, les femmes du vrai monde n'attendent jamais, on les attend pour se mettre à table.

Mais M. d'Aubigné ne se payait pas de ces raisons-là, il regardait à la dérobée ses convives officiels qui recommençaient à montrer les dents.

Il était sept heures et demie. Le domestique qui était allé chez Alice revint tout essoufflé disant qu'elle n'était pas chez elle.

— Pour le coup c'est trop fort! dit M. d'Aubigné. Où la chercher maintenant? Il faut trois quarts d'heure pour aller chez sa couturière et revenir. Tant pis! nous allons dîner sans elle.

— Un enterrement de douzième classe! s'écria Cornillac.

Le comte croyait que tout le monde avait comme lui le cœur inquiet :

— A table, messieurs, dit-il tout à coup.

Comme il avait prié le ministre étranger de donner le bras à Mlle de Reviers, il essaya de cacher sa tristesse en priant le jeune académicien de remplacer la dame.

Et tout le monde se disait : « Ce qu'il y a d'étonnant c'est que la fête est donnée pour elle. »

Un dîner d'apparat sans femme est bien la chose la plus mélancolique du monde, mais enfin, comme le dîner était exquis, on prit son parti. La place de Mlle de Reviers lui fut gardée ; le ministre étranger mit sur son assiette un admirable bouquet de lilas blancs, qui était planté au milieu de la table.

— Elle viendra, dit-il, d'un air sibyllique.

On eut beau tenter de jeter la gaieté sur cette table attristée, on n'y parvint pas. Tout a sa destinée, même les festins : s'ils doivent être gais, ils sont gais quelles que soient les préoccupations des convives; s'ils doivent être tristes, ils sont tristes quelques joyeusetés qu'on puisse jeter sur la nappe. D'un côté l'esprit se glace dans la bêtise, de l'autre il éclate comme le vin de Champagne.

Le dîner du comte n'eut donc pas son quart d'heure de joie et d'abandon.

Au dessert, l'amphitryon voulut triompher du sort; il se leva, il prit un air dégagé et il but aux absentes.

— Je ferai remarquer, dit-il, que tous tant que vous êtes, vous pouvez comme moi boire aux absentes.

— Je bois aux absentes! s'écria Cornillac, car je n'ai jamais apprécié les femmes que quand elles n'étaient pas là.

Il parlait encore, quand un grand laquais apporta au comte en toute solennité une dépêche télégraphique sur un plat d'argent.

— Enfin! dit-on de toutes parts.

Prenant la dépêche, d'une main fiévreuse, le comte pâlit.

— Je vous avoue, dit-il, que je n'ose l'ouvrir.

Il tenait à la main l'enveloppe, puis il l'élevait sous ses yeux, puis il la laissait retomber devant lui.

— Voyons! lui dit son voisin, si c'était une mauvaise nouvelle, elle ne viendrait pas par dépêche. Je suis sûr que Mlle de Reviers vous annonce qu'elle va arriver au dessert.

M. d'Aubigné déchira l'enveloppe, ses yeux étaient si troublés qu'il fut quelques secondes avant de pouvoir lire cette étrange missive que je vais reproduire ici :

TÉLÉGRAMME
—
CHAMPS-ÉLYSÉES, 210, — 13, 8 s. — A COMTE D'AUBIGNÉ, AVENUE DE L'IMPÉRATRICE, PARIS.

ÊTES-VOUS CONTENT?

COMTESSE KAOSOFF.

XLVII

LE VOL AVEC EFFRACTION

M. d'Aubigné brûla la politesse à cette belle compagnie. Certes, son devoir, comme maître de maison, était de présider la fête jusqu'au bout, d'autant plus qu'on était bien un peu venu pour celle qui n'était pas là. Mais la passion n'est pas polie.

Il n'avait pas fait atteler, il prit la première voiture venue et se fit conduire en toute hâte chez Mlle de Reviers. Il n'espérait pas la trouver là, mais il croyait y trouver sa cuisinière.

Il fut presque surpris de voir la femme de chambre lui ouvrir les portes : Alice y était donc? Son émotion était si vive, qu'il monta l'escalier sans pouvoir interroger cette fille.

— Mais, Madame est partie, monsieur le comte.

— Partie ? Et où est-elle allée !

Il s'était retourné et se tenait à la rampe tant ce simple mot l'avait frappé au cœur.

— Je ne sais pas, monsieur le comte n'a donc pas reçu une lettre de Madame?

— Une lettre de Madame !

— Oui, avant de partir. Madame a écrit. La cuisinière a porté la lettre tout à l'heure.

— Mais, je n'ai pas vu cette fille ?

Et après un silence :

— Partie ! — répéta M. d'Aubigné en pâlissant.

Il était frappé au cœur :

— Et où est-elle allée?

— Vous savez, monsieur, que Madame est fort mystérieuse et qu'elle ne me prenait pas pour confidente.

— Elle a dû aller chez Mme Kaosoff !

— Oh ! pour cela non, monsieur le comte, car Madame est partie pour prendre le train du soir au chemin de fer d'Orléans ou au chemin de fer de Lyon, si j'ai bien deviné.

— Elle est donc folle !

— Je ne sais pas : ce que je sais, c'est qu'elle a bien pleuré !

— Et pourquoi pleurait-elle ?

— C'est son secret; j'ai voulu l'interroger, mais elle m'a répondu par un silence glacial. Je voulais l'accompagner elle m'a ordonné de rester ici. J'ai dû obéir sans dire un mot.

— Qui est-ce qui est venu ici?

— Personne !

— Mais enfin, vous n'êtes pas assez bête pour ne pas savoir quelque chose.

— La lettre vous dira tout cela.

— Avait-elle reçu une dépêche de l'étranger ?

M. d'Aubigné avait plus d'une fois surpris Alice écrivant à Vienne et à Madrid.

— Non, monsieur le comte.

— Et où a-t-elle écrit?

— Là-haut, comme de coutume, à son petit bureau en laque de Chine, le bureau des secrets.

— Il y a de la lumière dans sa chambre ?

— Non, mais je vais vous porter ce flambeau.

M. d'Aubigné monta l'escalier; il lui sembla que la chambre d'Alice devait lui apprendre quelque chose.

La femme de chambre déposa le bougeoir sur le bureau.

— C'est là que Madame a écrit, monsieur. Elle a même commencé plusieurs lettres, — attendez donc !

Rose, qui était la plus profonde comédienne, alla vers la cheminée, comme pour retrouver les premiers brouillons.

— Non. Madame les aura brûlés, à moins qu'ils ne soient restés dans le secrétaire ?

— Et la clef de ce secrétaire ?

— Ah ! Madame ne m'a jamais confié que la clef de la cave ; mais la clef du secrétaire c'est la clef de son cœur.

Le comte se promena avec agitation.

— Est-ce qu'elle a emporté des bagages ?

— Rien qu'une petite valise ; vous savez que Madame est une vraie voyageuse : elle ferait le tour du monde avec six chemises de batiste qui passeraient dans le trou d'une aiguille.

La femme de chambre s'inclina respectueusement et sortit.

— Il y est venu ! dit-elle en descendant l'escalier, mais tout n'est pas fini.

Dès que M. d'Aubigné fut seul, il se rapprocha du secrétaire. Ce petit meuble avait je ne sais quel magnétisme irritant.

— Qui sait, dit-il, s'il n'y a pas là dedans l'explication de cette incroyable folie.

Une autre pensée traversa son esprit : il avait écrit les lettres les plus passionnées à Alice ; sans doute, elle ne les avait pas emportées ; pourquoi ne les reprendrait-il pas ces pages brûlantes, qui seraient si ridicules dans des mains étrangères ?

Il s'avoua que ce n'était là qu'un prétexte pour découvrir les secrets de Mlle de Reviers. La jalousie l'aveuglait, il ne doutait pas qu'un amoureux ne se fût jeté à la traverse, peut-être un amoureux lointain qui reprenait ses droits.

Mais, comme il était toujours dominé par le point d'honneur, il résista à la tentation de briser ce joli petit meuble.

Il s'en éloigna comme s'il craignit de succomber à sa mauvaise pensée. Mais il y revint bientôt, obsédé par sa jalousie.

— Après tout, dit-il, ne suis-je pas ici chez moi ?

Mais il réfléchit que cette chambre tant aimée n'était pas son œuvre. Il avait fait quelques cadeaux à Alice, sans lui donner jamais d'argent.

Il pouvait bien se croire chez lui dans la chambre à coucher tant qu'elle l'aimait, mais si, par un retour subit des choses du cœur, elle ne l'aimait plus, il devenait un étranger, là où il avait été l'hôte choyé.

Et quand il se fut donné les meilleures raisons pour quitter au plus vite ce paradis perdu, — pour respecter les secrets de l'absente, — pour ne plus regarder ce secrétaire tentateur, — il lança un coup de poing — la porte vola en éclats.

Il eut honte de lui et n'osa regarder, mais on s'habitue à tout, surtout dans les fièvres de la passion. Alice n'était-elle pas dans son tort puisqu'elle manquait à sa parole? N'était-il pas dans son droit, si Alice ne l'aimait plus?

Les lettres d'amour ne durent que ce que durent les plaisirs d'amour. Après la séparation, ce ne sont que lettres mortes.

Il ne s'avoua pas qu'il cherchait toute autre chose que ses lettres, mais il ne trouva que ses lettres. Elles étaient là toutes, presque toutes, moins celles qu'avait dérobées Mme Kaosoff. Il ne passa pas son temps à les relire. Il les mit dans sa poche, un peu plus il les jetait au feu pour qu'elles allassent rejoindre les brouillons imaginaires dont Rose venait de parler.

— Sans doute, murmura-t-il, elle a emporté toutes les lettres qui ne sont pas de moi.

Mais après tout, il n'y avait peut-être pas eu d'autres lettres que les siennes? A cette pensée tout son amour lui revint, toute sa colère s'en alla.

— Chère Alice! dit-il, comme je t'aimais! comme je t'aime encore !

Il tomba sur une chaise et fondit en larmes.

XLVIII

LA KAOSOFF

A cet instant, une femme entra dans la chambre, sans qu'il eût entendu marcher, tant il était tout à sa douleur.

— C'est infâme! monsieur, ce que vous faites!

Ii se retourna : il avait reconnu Mme Kaosoff.

— Pourquoi me dites-vous cela? lui demanda-t-il sans se lever.

— Pourquoi? vous voyez bien ce que vous avez fait!

— C'est tout simple, je croyais trouver le secret de sa fuite.

— Oh! ce n'est pas pour cela que vous avez brisé ce secrétaire,

— Pourquoi donc alors?

— Je vous le dirai plus tard.

M︎ᵐᵉ Kaosoff avait beau renfermer encore sa vengeance, quelque chose de cruel allumait ses yeux.

Elle n'avait pas d'ailleurs l'accent mélodramatique pour apparaître si à propos : elle s'efforçait de paraître simple et digne.

— Vous savez où est Alice? lui demanda M. d'Aubigné en se levant.

Elle vit alors qu'il pleurait.

— Des larmes de crocodile, dit-elle en souriant.

— Parlez! dites-moi où elle est?

Le comte prit violemment la main de la comtesse.

— Point de masque! dit-il en élevant la voix. Quand vous m'avez envoyé une dépêche, il y a une heure, vous saviez bien qu'Alice était partie.

M︎ᵐᵉ Kaosoff joua la surprise.

— Moi? Je vous ai envoyé une dépêche pour vous féliciter, vous croyant dans toutes les joies de l'amour. Je ne savais rien, demandez plutôt à Rose. Seulement je trouvais que vous auriez pu m'inviter à cette petite fête. Sur ma foi, vous me deviez bien ça !

— Puisqu'il n'y avait pas de femmes à cette fête ?

— Puisqu'il y avait Alice !

— Vous savez bien qu'elle n'y est pas venue.

— Je le sais maintenant, mais je ne le savais pas.

Mme de Kaosoff ne voulait pas éterniser cette entrevue. Elle avait peur d'ailleurs que M. d'Aubigné ne l'enfermât dans cette chambre par un tour de clef, pour avoir le temps d'arriver chez elle avant elle.

Elle sonna.

— Pourquoi sonnez-vous ?

— Pour rien. Je désire n'être pas accusée d'avoir moi-même crocheté ce secrétaire.

En disant ces mots, la comtesse s'était reculée jusqu'au seuil de la porte.

— Oh ! par exemple, dit M. d'Aubigné en allant vers elle, voilà un mot que je ne veux pas vous laisser prononcer. J'ai pu dans mon empressement briser ce meuble, celui-là ou un autre, mais je ne crochète rien...

Et comme il vit que la comtesse fuyait avec effroi, il ajouta, comme pour la calmer :

— Pas même les cœurs !

La femme de chambre et la cuisinière étaient arrivées près de la comtesse.

— Vous voyez, leur dit-elle, que M. le comte d'Aubigné a brisé ce secrétaire ; quand Alice viendra, si elle revient, vous constaterez que ce n'est pas moi.

Et elle descendit l'escalier en toute hâte. Le comte ne s'occupait plus que de la cuisinière.

— Eh bien ! lui dit-il, cette lettre que vous avez portée chez moi, où est-elle ?

— Ma foi ! monsieur le comte, je l'ai remise à un de vos gens.

M. d'Aubigné se demanda s'il était le jouet d'un rêve.

Il remonta en voiture, priant la femme de chambre de lui donner des nouvelles dès qu'elle en aurait.

Comme il descendait le perron, il se retourna et prit quelques louis pour remettre à ces demoiselles.

— Voilà qui est bien, murmura Rose quand il fut parti, cinq louis du comte, cinq louis de la comtesse : total dix louis.

Et elle donna une pièce de cent sous à la cuisinière.

XLIX

LA QUESTION D'ARGENT

Quand M. d'Aubigné rentra chez lui, quoiqu'il y fût encore attendu par tous ses amis, il ne se hâta point de passer au salon. Il appela son valet de chambre et monta dans son appartement.

— Cette lettre qu'on a apportée! dit-il d'une voix brève?

Il parlait en homme qui veut être obéi sur-le-champ. Le valet de chambre, qui avait monté quelques marches à sa suite, redescendit et lui présenta la lettre de Mlle de Reviers.

Le comte brisa le cachet et la lut d'un coup d'œil :

« Monsieur mon ami,

« Je vous ai donné mon cœur, tout ce que
« j'avais ; vous m'avez donné vingt-cinq mille
« francs de rente, je suis payée. Nous ne
« nous devons plus rien. Je n'oublierai pas que
« vous avez été charmant pendant cette belle
« saison de ma vie. Je m'arrache à mon bon-
« heur parce que j'aime à brusquer ma destinée.

« Aujourd'hui, je vous aime encore, mais je
« sais trop que chez vous l'amour est un contre-
« temps et un contre-sens. Aussi vous vous
« êtes consolé d'avance!

« J'ai donc le courage d'en finir avant la fin,
« pour ne pas mourir de ma douleur.

« Je pars ce soir même. Où vais-je ? Où va le
« vent! Où va la feuille qui tombe! Où va la
« vague qui pleure! Il faut qu'un autre amour
« essuie mes larmes. Mais une autre passion
« amusera-t-elle mon cœur ? Je vous écrirai dès
« que j'aurai trouvé un rivage ; car, en partant,
« je ne sais où poser ma tête. Ne cherchez pas
« mon chemin, je ne le sais pas ; je vous em-
« brasse, j'allais dire je t'embrasse. »

M. d'Aubigné ne respirait plus tant son cœur battait fort. Toutes les tristesses l'avaient envahi. Il ne comprenait rien à cette lettre, si ce n'est que c'en était fait de son bonheur. Les noirs pressentiments flottaient autour de lui. Cette charmeuse était donc une folle ? Il ne voyait pas d'où le coup partait. Il se disait que Mlle de Reviers était ou la plus romanesque des femmes, ou la plus pervertie.

Ce ne fut qu'à la seconde lecture qu'il s'arrêta à ces mots : « Vingt-cinq mille livres de rente. »

— Qu'est-ce que cela veut dire ?

Il regarda de plus près. Il chercha dans ses souvenirs. Jamais il n'avait été question d'argent entre eux. Il s'était souvent promis de s'occuper de sa fortune, mais ce dessein était resté à l'état platonique. Leur passion d'ailleurs avait été si aveugle, si charmante, si emportée, qu'il avait toujours remis au lendemain la question d'argent.

Ces mots : « Vingt-cinq mille livres de rente, » jetèrent un froid sur son cœur ; il crut comprendre que c'était une raillerie sinon le dernier mot de son amour. Attendait-elle de lui une fortune dont elle le remercierait déjà ? Avait-elle l'habitude de ne se faire payer qu'après la comédie, à l'inverse du théâtre où l'on paye en entrant ? Quelle que fût son adoration pour Alice, il trouva que vingt-cinq mille livres de rente, c'était bien un peu beaucoup. Ils étaient restés si peu de temps ensemble! Et, d'ailleurs, eût-il vécu plus longtemps avec elle qu'il n'était pas homme à lui donner vingt-cinq mille livres de rente; il n'était pas assez riche pour cette belle prodigalité.

— Quoi qu'il en soit, dit-il, je lui dois bien quelque chose.

Il re'ut encore la lettre pour y trouver le cœur d'Alice. Il y avait de tout dans cette lettre. Mais la question d'argent n'y parlait-elle pas plus haut que la question d'amour!

M. d'Aubigné ne devinait pas que cette lettre était l'œuvre de Mme Kaosoff. Alice, se croyant trahie par son amant, avait écrit en pleurant sous l'empire de cette femme qui la dominait, même quand son cœur était en révolte.

Quand M. d'Aubigné se résigna à rentrer dans les salons, on jouait, on fumait, on causait. Cornillac faisait le diable à quatre, contant des histoires avec toute la verve d'un comédien devant la rampe.

Le comte fut accueilli par une bordée de Cornillac, les plus beaux coq-à-l'âne qui soient sortis de la bouche d'un homme. Il n'était pas d'humeur à subir ces plaisanteries-là. Il voulut faire compendre à Cornillac qu'il pourrait bien le mettre à la porte; mais Cornillac lui dit carrément :

— C'est toi qui es fou, c'est toi que je vais mettre à la porte — de Charenton.

Les cris, les rires, la fumée, étourdirent quelque peu M. d'Aubigné. Il secoua sa tristesse. Il respira plus allègrement. Il ne désespéra pas de se consoler de la fuite d'Alice.

Mais, à minuit, quand il se retrouva seul il se sentit blessé presque mortellement. C'était la première fois qu'il aimait ainsi, c'était la première fois qu'il était trahi ainsi,

Il ne dormit pas de la nuit. Le lendemain, il se mit en campagne pour retrouver Mlle de Reviers. Il retourna chez elle, il s'aventura même chez Mme Kaosoff; mais là, il eut beau insister, il ne fut pas reçu. Le domestique lui dit, pour l'apaiser, que la comtesse lui écrirait dès qu'elle aurait des nouvelles d'Alice.

Il courut chez deux autres femmes que connaissait sa maîtresse; mais aucune de ces femmes ne savait un mot de l'aventure, non plus que du départ de Mlle de Reviers.

Pendant quelques jours, il fouilla tout Paris, le Paris du plaisir, des théâtres, des promenades, des courses; il se surprit même à chercher Alice dans les églises, parce qu'elle n'avait pas perdu ses bonnes habitudes de jeune fille. Mais tout Paris était muet à son cœur. Cornillac le chapitrait d'importance. Mais c'était en vain qu'il essayait de masquer son chagrin; sa pâleur le trahissait.

Si Alice fût alors revenue, il lui eût signé de son sang que c'était, entre elle et lui, à la vie, à la mort.

L

L'OISEAU DE PROIE

r pendant que M. d'Aubigné pleurait Alice, que devenait-elle?

M⁽ᵐᵉ⁾ Kaosoff l'enserrait dans un cercle de fer, dans une infernale prison. A toute heure, elle voulait se révolter, elle voulait fuir, elle voulait retrouver son amant, toutes les joies perdues de sa vie. Mais ce n'étaient que des bouffées de vaillance. Elle retombait presque aussitôt dans son abattement et son esclavage, ne comprenant pas sa lâcheté.

C'est que M⁽ᵐᵉ⁾ Kaosoff ne s'était pas contentée, pour la vaincre, de toute son éloquence diabolique; elle lui avait fait prendre à son insu je ne sais quel poison somnolent qui altérait les forces de son corps et de son esprit.

En quelques jours, elle tomba à rien : ne mangeant plus, ne respirant plus, ne dormant même plus. Elle subissait, sans fermer les yeux, le rêve, le songe, le cauchemar. Elle se traînait au piano qui se lamentait sous ses doigts. Elle n'avait pas d'autre confident.

Çà et là, elle essayait d'attendrir la comtesse; mais cette femme de bronze lui jetait, d'une bouche glacée, un rire ironique en lui disant :

— Ne retombez donc plus dans ces duperies-là. D'ailleurs je sais qu'il se moque de vous.

Et elle inventait mille histoires sur M. d'Aubigné.

Selon elle, il y avait déjà une autre femme chez lui. Elle le prouvait par une lettre fabriquée à dessein. Alice laissait convaincre son esprit sinon son cœur.

Mme Kaosoff n'avait pas perdu de temps, sa vengeance marchait jour et nuit. Sous prétexte de défendre une jeune fille qui avait tout sacrifié au comte d'Aubigné, elle alla trouver un grand avocat et lui conta comment cet indigne amoureux avait forcé un secrétaire pour reprendre une donation de vingt-cinq mille francs de rente qu'il avait fait à cette pauvre enfant.

Mais, elle demandait encore le secret absolu : il ne fallait pas que M. d'Aubigné fût sur ses gardes au moment de l'attaque.

« Par malheur, se disait-elle souvent, Alice est bien capable de me trahir et de se trahir elle-même. »

Voilà pourquoi, après avoir dressé ses batteries, elle parla d'un voyage, sans dire où elle allait.

Elle avait eu pendant huit jours l'art de si bien cacher Alice, que nul ne la savait chez elle, hormis sa femme de chambre et la femme de chambre d'Alice, deux coquines bien payées, surtout bien payées de promesses.

La foudre avait passé sur Mlle de Reviers : elle était toute dévastée comme la moisson sous le vent d'orage. Vainement Mme Kaosoff essayait de relever d'une main délicate cette pauvre fleur brisée, il semblait que ce fût la mort elle-même qui l'eût touchée. A toutes les amitiés de la comtesse elle répondait par un triste sourire de résignation. Mais elle ne se résignait pas : les sources de la vie étaient altérées, elle perdait pied et ne cherchait ses consolations que dans la désespérance. Les créatures d'élite se crucifient à leur douleur avec volupté.

Mme Kaosoff vit avec inquiétude les pâleurs d'Alice. Elle jugeait que toutes les femmes étaient comme elle trempées dans l'acier. Elle ne comprenait pas ces amoureuses qui s'étiolent dans la même passion, qui y trouvent la vie de leur cœur et qui veulent mourir par le cœur. Elle croyait fermement qu'une femme peut toujours gouverner son cœur dans la tempête comme le nautonier gouverne son navire ; elle méprisait ces lâches amoureuses qui courbent le front sous l'abandon et qui ne le relèvent pas par les fiertés de la vengeance ; elle méprisait aussi celles-là qui n'ont pas le courage de passer d'un amour à un autre pour prouver leur despotisme. Mais ce fut en vain qu'elle tenta d'arracher Mlle de Reviers à sa passion par les discours les plus réconfortants. La pauvre fille l'écoutait en dévorant ses larmes, car elle n'osait pleurer devant son amie. Elle était atteinte trop profondément pour lui donner raison.

La comtesse prit un matin conseil d'elle-même : naturellement sa vengeance n'était pas assouvie ; elle voulait pouvoir écrire plusieurs fois ce fameux mot au comte d'Aubigné : *Êtes-vous content?*

Dans ce duel sans merci, duel de la vengeance contre le dédain, elle avait à peine touché une fois son adversaire ; elle le voulait frapper en plein cœur.

— Ah ! disait-elle souvent, il ne sait pas ce que c'est que d'avoir blessé la Kaosoff !

Elle résolut d'emmener Mlle de Reviers, car elle ne pouvait pas toujours la tenir sous clef ou prisonnière sur parole ; elle pressentait que la belle amoureuse finirait par lui échapper pour retourner dans son cher esclavage.

— Et alors, disait-elle, c'est moi qui serai vaincue, elle ira se jeter dans ses bras, ils se moqueront de moi, elle comme lui. J'aurai joué le rôle ridicule et je ne croirai plus à moi.

Un matin, au déjeuner, comme Alice ne touchait à rien, elle lui dit :

— Ma belle amie, nous partirons demain pour Biarritz ou pour les Pyrénées ; vous êtes trop folle dans vos passions, la fièvre vous a prise, il faut oublier. Je vous donnerai la montagne ou la mer. Mais croyez-moi, il fallait vous arracher à cet amour fatal. Vous quittez le comte, c'est bien, car si c'était lui qui vous quittât ce serait pour vous le coup mortel. Or, n'oubliez pas qu'il n'en fait pas d'autre avec les femmes. Je connais trois de ses victimes, je vous conterai cela. Il y a des hommes qui vivent du bonheur des femmes, il y en a qui ne s'enivrent que de leurs larmes.

Alice ne répondit rien.

— Nous ferons un beau voyage; c'est encore le moment où toute l'Europe descend les Pyrénées ou se baigne à Biarritz. Je vous présenterai à tous mes amis qui vont et qui viennent par là.

Mlle de Reviers inclina la tête et soupira. Son abattement était tel qu'elle n'eut pas la force de résister à la volonté de la comtesse. N'était-elle pas déjà habituée à obéir?

Et puis, il lui semblait que si M. d'Aubigné ne l'eût pas trahie et l'eût aimée jusqu'à la passion, il serait venu l'enlever à la comtesse, parce qu'il devait bien se douter de quelques machinations occultes. Le sort en était jeté, elle voulait mourir de son amour, ou se résigner à vivre en obéissant à Mme Kaosoff.

On partit donc le lendemain pour le Midi. Alice avait espéré jusqu'au dernier moment avoir des nouvelles du comte, surtout en allant chez elle où elle n'avait pas encore reparu.

Mme Kaosoff ne la laissa pas aller seule dans ce petit hôtel tout plein du souvenir de M. d'Aubigné.

Quand Alice vit son secrétaire brisé, elle tomba sur un fauteuil et se mit la tête dans les mains.

— Voyez! lui dit son amie, cet homme est indigne d'un beau sentiment parce qu'il a tous les mauvais. Un autre serait venu ici pour s'y imprégner de votre souvenir, mais lui, qu'est-il venu y faire? Forcer ce secrétaire pour vous voler.

— Ah ! ne dites pas cela.

— Je vous dis que ça a été pour vous voler, puisqu'il vous a repris ses lettres.

— C'est qu'il croyait que je ne l'aimais plus ! D'ailleurs ses lettres étaient à lui.

—A lui! elles étaient à vous, c'était votre bien. Je reconnais là l'homme : il vous aurait laissée mourir de faim, et il ne veut pas seulement vous laisser un souvenir de lui. Je vous le dis, celui-là ne donne ni son argent ni son cœur.

— Eh bien! partons vite, dit Alice qui se sentait plus malheureuse encore dans cette chambre, où elle avait été si heureuse!

— Partons, ma belle Alice. A notre retour vous aurez oublié ce grand oublieux, et votre fortune sera faite.

— Ma fortune!

— Oui, le comte vous donnera les vingt-cinq mille francs de rente dont vous l'avez remercié.

— C'était une plaisanterie! Je ne veux rien de lui.

Et Alice ajouta :

— Rien, si ce n'est la mort.

LI

L'AGONIE

Mlle de Reviers fut tout à fait malade pendant le voyage. Elle pria son amie de ne pas la conduire aux Pyrénées ; elle avait peur des montagnes ; on lui avait dit que la mort habite par là ; tant de jeunes filles qu'elle avait connues étaient parties pour Luchon ou les Eaux-Bonnes, qui n'étaient pas revenues. Non pas qu'elle craignît de mourir, mais elle aimait mieux mourir devant la mer, cette grande inconsolée, cette sœur des éternels gémissements, ce *miserere* de l'infini.

A peine fut-elle à Biarritz qu'elle fut prise d'une toux opiniâtre qui l'empêcha de respirer ; c'était la phthisie galopante. Elle avait résisté les années précédentes à deux bronchites aiguës qui étaient, pour ainsi dire, les premières brèches de la mort. Cette fois elle ne voulait plus résister.

Elle eut pourtant quelques vagues retours à la vie.

Çà et là, le matin, en voyant le soleil, elle avait peur de la nuit du tombeau; en se regardant dans son miroir, plus pâle, mais peut-être plus belle, elle voulait imposer silence à son cœur, comme par respect pour sa figure. Était-il possible que tant de beauté disparût, parce qu'un homme l'avait aimée et parce qu'une femme voulait se venger!

— Non, je ne mourrai pas, disait-elle.

Mais Mme Kaosoff survenait, qui lui disait :

— Courage ! — Et elle se décourageait.

« A quoi bon vivre, murmurait-elle; il ne m'aime plus; vivre sans lui, c'est déjà la mort. »

Et son regard disait adieu à tout, à sa beauté comme au soleil, ces deux amis qui la retenaient au bord de la tombe.

— Vous allez mieux, lui dit un soir la comtesse.

— Oui, murmura-t-elle, l'agonie commence.

— Vous êtes folle ! le médecin m'a dit, tout à

l'heure, que dans huit jours nous pourrions partir pour Nice.

— Vivante ou morte, j'irai où vous voudrez.

Et Alice ajouta avec amertume :

— Vous savez bien que je fais tout ce que vous voulez.

La comtesse recevait beaucoup de visites. Ce soir-là, un nouveau débarqué à Biarritz, contant la chronique parisienne, lui apprit que le comte d'Aubigné avait un étrange procès. Alice sommeillait sur le canapé, la comtesse fit signe au conteur de ne plus parler. Mais c'était un de ces bavards intrépides qui parlent quand même.

— Vous ne savez donc pas, reprit-il, que le comte d'Aubigné a brisé le secrétaire de sa maîtresse, et que cette demoiselle lui fait un procès criminel pour lui avoir volé une donation de vingt-cinq mille livres de rente ?

Mme Kaosoff eut beau interrompre cet impitoyable conteur, Alice vit toute la profondeur de cet enfer.

Elle se leva du canapé et marcha vers Mme Kaosoff, blanche, égarée, terrible; elle voulut parler, mais la toux la prit à la gorge.

— C'est une crise, dit la comtesse en se tournant vers le visiteur; allez-vous-en bien vite.

Mlle de Reviers était retombée mourante sur le canapé.

La comtesse s'agenouilla et la souleva dans ses bras, mais elle était évanouie.

Bientôt un flot de sang s'échappa des lèvres décolorées d'Alice, naguère si rouges et si souriantes. Une terreur noire s'empara de la comtesse.

Pour la première fois, il lui sembla qu'elle venait d'assassiner cette jeune fille; mais la vengeance parlait encore plus haut que le remords.

— Tant pis! dit-elle; si je n'avais pas eu plus de courage, je serais déjà morte.

Elle soutenait toujours Mlle de Reviers.

Tout d'un coup, la jeune fille fixa sur elle ses grands yeux couleur du ciel.

La comtesse, anxieuse, regardait et écoutait, comme si la mourante dût lui dire adieu. Mais voilà ce que lui dit Mlle de Reviers :

— *Êtes-vous contente?*

LII

LA CONFESSION D'ALICE

Quoique Alice fût bien jeune, rien ne la rattachait à la vie, sinon son amour pour M. d'Aubigné. Plus d'une fois, avant sa rencontre avec la Kaosoff, elle avait vu la mort de près, sans que cette grande figure l'effrayât. Mais elle aurait voulu mourir sans se jeter elle-même dans les bras de la mort.

La vie ne lui avait jamais semblé qu'une comédie plus ou moins gaie, plus ou moins triste, où elle ne jouait pas un rôle. Simple spectatrice, elle ne se sentait ni l'ardeur, ni le courage de monter sur la scène. Il y a des femmes dont la destinée est d'apparaître et de s'évanouir, images de la beauté insaisissable. Il semble qu'elles soient réservées pour un autre monde.

Dès que Mlle de Reviers sentit la pâle anémie fondre sur elle — l'anémie, cette sœur de la mort — elle jugea elle-même qu'elle était perdue. Le mal était déjà ancien ; les jours de misère, les espoirs trompés, les heures anxieuses sous l'oiseau de proie — Mme Kaosoff, — avaient déjà ruiné cette jeune fille, promise au tombeau.

On a vu qu'elle n'avait pas voulu lutter ; la mort lui était meilleure que la vie.

A quoi bon vivre sans l'amour de son amant ! Elle se résigna, avec la sombre volupté de celles qui meurent dans leur rêve, même quand le rêve est brisé : elle s'enveloppait dans sa robe de Nessus comme dans un linceul.

Un jour que la comtesse l'avait laissée seule, elle s'empressa d'écrire à « son frère » ces quelques pages de confession :

. . . .

« Mon frère, je voudrais bien t'embrasser
« avant de mourir ; car je vais bientôt mourir.

« Puisque je t'ai toujours tout dit, écoute-
« moi : Tu sais comment je me suis enfuie de l'ou-
« vroir Saint-Vincent-de-Paul, à quelques mois

« de ma première communion. J'avais beau me
« croire dans la maison du bon Dieu, j'avais en
« moi je ne sais quoi de fier qui se révoltait à
« l'idée de vivre plus longtemps avec ces en-
« fants trouvés d'une origine qui me semblait
« inférieure à la mienne. On a raison de dire
« qu'il y a des femmes de race. Mon sang me
« criait que j'étais tombée là de très-haut. Pour-
« quoi ces vagues aspirations vers un monde
« que je ne voyais que de bien loin ! Enfin, je
« me suis enfuie, c'est mon premier péché.

« C'est le hasard qui m'a conduite chez ta
« mère. C'était le soir, nous sortions du Luxem-
« bourg, l'horreur de rentrer à l'ouvroir me
« prit à ce point que je me jetai sous la porte
« de la maison où demeurait ta mère. Je me mis
« à pleurer, ta mère passa, elle voulut me for-
« cer de rentrer à l'ouvroir, tu survins, tu prias
« ta mère, comme je la priais moi-même. « Tu
« seras ma sœur, me dis-tu. — Tu seras mon
« frère, te dis-je. » Ta mère avait perdu une petite
« fille et ne s'en était jamais consolée; elle se mit
« aussi à pleurer, en disant que sa fille serait
« grande comme moi. Je l'embrassai comme si
« elle eût été ma mère. Te rappelles-tu quel

« joyeux souper ! Je croyais que j'avais conquis
« le monde ; c'était pourtant une table bien fru-
« gale, car ta mère n'était pas riche, avec son
« petit garni de la rue Vavin.

« Le lendemain matin, je ne me reconnaissais
« plus dans le petit costume qu'elle m'avait fa-
« briqué en toute hâte. Tu me trouvas bien plus
« jolie. Moi, je ne savais pas encore si j'étais
« belle, mais je te pris au mot. Je te reparle de
« tout ça parce que ces souvenirs me sont si
« chers ! Les jours passèrent vite. Nous étions
« heureux. Ta mère vantait mes mains de fée, il
« fallait bien payer un peu sa bonté. Ah ! j'étais
« alors une vraie Cendrillon, travaillant à tout,
« quand tu voulais toujours jouer, car tu ne
« donnais pas le bon exemple, toi qui avais
« deux ans plus que moi.

« Par malheur, ta mère aimait un peintre qui
« partait pour Rome : nous partîmes aussi. A
« Rome, elle se brouilla avec les beaux-arts ;
« elle nous emmena à Vienne avec un banquier ;
« elle croyait sa fortune faite ; mais quand nous
« revînmes à Paris elle n'avait guère que des bi-
« joux et des dentelles. Total vingt-cinq mille
« francs. La pauvre femme mourut — une pé-

« cheresse à qui il sera beaucoup pardonné,
« parce qu'elle était bonne. — A sa mort tu vou-
« lus partager avec moi, parce que toi aussi tu
« as un grand cœur. Tu l'as bien prouvé dans la
« guerre de 1870, tu l'as bien prouvé depuis en
« Espagne.

« Eh bien ! aujourd'hui, ta pauvre petite
« sœur, celle que tu as baptisée du nom d'Alice
« — le nom de celle qui était morte — s'en va
« aller rejoindre la première ; j'aurais bien voulu
« te revoir pour te dire adieu ; je suis à moitié
« chemin à Biarritz ; je t'enverrai une dépêche ;
« mais j'en ai peut-être encore pour quelques
« semaines d'agonie.

« Si tu ne me revois pas, fais dire une messe
« pour moi, pour ta mère et pour ta sœur, afin
« que nous nous retrouvions toutes les trois,
« puisque je n'espère pas retrouver ma mère... »

. . . .

Alice en était là de sa lettre, quand elle fut surprise par la rentrée de M⁻ᵉ Kaosoff. Elle cacha cette confession dans un livre qui est aujourd'hui dans les mains du comte d'Aubigné.

LIII

LE BAISER DE LA MORT

Le soir Alice fut plus mal. Le sang s'échappa encore de ses lèvres. Il sembla à la comtesse que ses beaux yeux fussent déjà voilés par la mort.

La porte s'ouvrit bruyamment.

Un homme se précipita dans la chambre, figure altière et terrible, bouche serrée, regard de flamme.

Il s'arrêta devant ce spectacle : la victime et le bourreau, — la victime couverte de sang, le bourreau tout ensanglanté.

— Voilà ce que vous avez fait ! dit le comte d'Aubigné à Mme Kaosoff.

Il savait tout.

Elle se retourna, se releva soudainement, jeta fureur pour fureur, et répondit d'une voix qui avait le tranchant de l'acier :

— C'est vous, monsieur, qui avez fait cela !

— Ah ! c'est moi !

Il fit un pas vers la comtesse et la jeta à ses pieds comme il eût fait d'un chien ; après quoi, il alla tomber en sanglotant aux genoux de Mlle de Reviers.

— Alice ! s'écria-t-il.

S'il ne fût pas venu, elle était morte ; mais l'âme qui s'envolait s'arrêta un instant de plus sur les lèvres de celle qui avait été tout amour.

Alice essaya un sourire et murmura un adieu :

— Je vous attendais, mon ami, je vous attendrai là-haut !

Il la baisa chastement sur le front, de ce dernier baiser qui est comme les fiançailles de la vie et de la mort.

LIV

POURQUOI ON REVOIT CORNILLAC

On entendit alors des voix de femmes crier dans la rue : « Cornillac ! Cornillac ! »

C'étaient deux femmes qui avaient bien dîné à leur arrivée à Biarritz, et qui voulaient faire leur entrée au Casino aux deux bras de Cornillac.

Mais il cherchait son ami et ne voulait pas aller sitôt cadencer avec ces dames. Comme elles étaient plus fortes que lui, elles se balançaient à ses bras.

— Voyons, s'écria-t-il, n'ayons pas l'air à nous trois d'un cacolet. De la tenue, mesdemoiselles ! il y a peut-être des magistrats ici.

Mais les deux femmes tiraillaient toujours Cornillac.

— Je vois bien ce que c'est, dit l'une ; tu veux aller dans le monde, et tu as peur de te compromettre avec nous ; dis que nous sommes tes sœurs.

— Vous ! dit Cornillac. Allons donc !

Les choses les plus tragiques sont traversées par la comédie, voilà pourquoi le drame moderne est l'expression de la vérité. Au moment où M. d'Aubigné pénétrait dans la chambre de Mme Kaosoff, pour assister à cette scène lamentable de la mort d'Alice, Cornillac frappait à la porte.

On fut quelque temps sans ouvrir, parce que les deux femmes qui servaient la comtesse étaient elles-mêmes dans la chambre à coucher, toutes frappées de cette fin si soudaine.

Mais Cornillac ne se décourageait pas si vite ; il sonna, il sonna encore, il sonna toujours. C'était un vrai carillon. A la fin, Katinka obéit comme sans penser à ce qu'elle faisait. Elle alla ouvrir la porte.

Ce fut la foudre qui entra. Cornillac ne s'amusa pas à parlementer avec la femme de chambre, il courut vers la lumière.

— Tu n'en fais pas d'autres ! dit-il en apercevant M. d'Aubigné et en saluant Mme Kaosoff.

Le comte voulut lui imposer silence.

— Je te reconnais bien là, s'écria aveuglément Cornillac. Comment! Nous devions dîner ensemble hier à Paris : j'arrive au Café anglais avec ces dames, je pourrais dire ces demoiselles ; on me dit que tu es venu, mais que tu as reçu une dépêche de Biarritz et que tu es parti sans tambour ni trompette, comme les enterrements civils. Biarritz! Moi qui rêvais une saison à Biarritz! Je cours à la gare pour ne pas manquer ton train ; mais voilà que ces demoiselles, qui voulaient dîner, me retiennent par le pan de mon habit. Cornillac par-ci, Cornillac par-là ! Il m'a fallu les emmener à Biarritz. Et voilà l'équipée ! Qui est-ce qui payera les violons ?

M. d'Aubigné, tout à Alice, n'écoutait pas les divagations de Cornillac. Mme Kaosoff n'était pas fâchée de ne plus se trouver seule en face du comte.

Cornillac ne pouvait pas apercevoir la mourante qui était masquée par son ami et par la femme de chambre ; mais en voyant la pâleur de Mme Kaosoff, en voyant la figure altérée de

M. d'Aubigné, il commença à comprendre qu'il ne s'était pas jeté au milieu d'une fête.

— Qu'est-ce que cela? dit-il. Vous avez tous des figures de l'autre monde !

Un silence glacial lui répondit.

— C'est un grand malheur, lui dit enfin Mme Kaosoff. Alice est à toute extrémité.

Et elle indiqua de la main Mlle de Reviers.

— Voyez! poursuivit-elle.

— Oh! mon Dieu! dit Cornillac en s'approchant d'Alice.

Au fond c'était une bonne âme que ce Cornillac. Quand il vit la blancheur marbrée de la mourante, il tomba agenouillé devant le canapé.

— C'est bien, lui dit M. d'Aubigné, mais va-t'en.

Il prit la main de son ami, le releva et lui montra la porte.

— Je t'en prie, va-t'en.

A ce moment, on entendait encore ces demoiselles crier : « Cornillac ! Cornillac ! »

Ces cris indignèrent l'ami de M. d'Aubigné. Il avait ses quarts d'heure de sentiment. Il courut imposer silence à ces demoiselles.

— Sachez que c'est ici une maison mortuaire, ne profanez pas la mort !

— Eh bien ! Qu'est-ce que nous allons faire?

— Allez-vous-en au diable ! mais, je n'en suis plus.

Cornillac passa galamment aux deux voyageuses deux billets de cent francs pour qu'elles pussent remonter en wagon à la gare de la Négresse.

— Tenez, leur dit-il, je ne paye jamais les femmes que pour qu'elles s'en aillent !

LV

LES ÉPOUSAILLES

Mlle de Reviers fit signe à la comtesse d'approcher.

— Madame, madame, je vous en prie, lui dit-elle, je n'ai plus qu'une seconde à vivre, faites-moi la grâce de me laisser seule avec M. d'Aubigné !

La comtesse n'obéissait jamais. Elle se contenta d'aller à la cheminée et de s'y appuyer sur ses deux coudes, la tête dans la main.

Mais M. d'Aubigné ne lui permit pas de rester là. Il la prit violemment par le bras et l'entraîna à la porte en lui disant :

— Madame, c'est la volonté d'une mourante.

Il revint tomber agenouillé devant le canapé. Alice lui donna la main.

— Oui, je meurs, dit-elle, je meurs par elle et pour vous; mais ne me plaignez pas, je meurs dans mon rêve! Tu sais bien que je ne suis pour rien dans cet odieux procès du secrétaire brisé... J'ai écrit ce matin au tribunal que c'était une calomnie... Puisque vous êtes là, je meurs heureuse! Ah! je savais bien que le bonheur n'a pas de lendemain!

— Alice, ne me parlez pas ainsi, je veux que vous viviez, je veux vous aimer toujours. Je jure devant Dieu de vous épouser!

— Ah! je vous remercie! Mais pourquoi me donner des regrets? C'eût été trop beau, voilà pourquoi c'est l'impossible.

Katinka venait de rentrer.

— Allez tout de suite chercher un prêtre, dit M. d'Aubigné.

Il y a des grâces d'état: Alice était devenue radieuse, même sous les ombres de la mort.

— Je suis si contente de vous avoir revu! reprit-elle en souriant, comme si la mort ne fût pas là.

Et elle rappela les belles heures passées; elle rappela surtout les jours de bonheur au château d'Aubigné, dans la solitude amoureuse, sans souci du monde.

— Ah! dit-elle, là j'avais oublié toutes mes folies. Voyez-vous, mon ami, le péché n'est un remords que le jour où l'amour nous prend le cœur. Pourquoi ne vous ai-je pas rencontré un an plus tôt! Alors j'étais digne de devenir votre femme, car je n'étais pas née pour toutes ces gaietés de la vie parisienne. Mon idéal, c'était de vivre pour mon cœur; un peu plus, il y a un an, j'entrais au couvent dans toute ma blancheur virginale. Ce qui me console dans la mort, c'est que le linceul est une rédemption.

M. d'Aubigné pleurait; il savait que Mlle de Reviers avait une âme d'ange dans un corps profané. Que de fois il lui était arrivé, à lui, le sceptique, de s'attendrir aux beaux sentiments de cette jeune fille. Dans une lettre à un de ses amis, il marquait, par une image charmante, l'émotion qui le gagnait en si douce compagnie :

« Vois-tu, écrivait-il, Alice est une vertu
« persistante que rien n'altère; devant elle, je me
« crois devant cette belle source d'eau vive qui
« tombe de la montagne dans ton parc. On peut

« la troubler en y buvant, mais elle reprend, à
« deux pas de là, toute sa pureté. »

En effet, c'était bien Alice.

A cette heure suprême, elle avait plus que jamais une expression angélique. Elle avait pu cacher la chasteté de sa figure par toutes les amorces de la volupté : cheveux répandus sur le front, sourcils et cils peints, grains de beauté d'occasion, lèvres rougies, blancheur de poudre de riz; en un mot, les séductions factices pour ceux qui aiment mieux le plaisir des sens que les joies du cœur.

M. d'Aubigné n'avait jamais vu sa maîtresse si belle qu'à l'heure de la perdre.

Un sanglot s'échappa de ses lèvres :

— Pauvre Alice! dit-il, en voyant la mort reprendre son œuvre.

Mlle de Reviers était retombée inanimée.

Elle avait fermé les yeux comme pour mieux se souvenir des beaux jours passés, comme pour mieux se recueillir dans l'amour de M. d'Aubigné et dans l'amour de Dieu.

Tout à coup, elle s'agita et rouvrit les yeux ; mais c'en était fait, elle ne devait plus voir.

La comtesse venait de rentrer.

— Pourquoi venez-vous? lui dit M. d'Aubigné. Vous voyez bien qu'elle est morte. Dieu l'a délivrée de vous.

— Oui, mais vous, vous n'êtes pas délivré de moi, dit Mme de Kaosoff d'une voix stridente.

Le comte jeta, pour la seconde fois, cette femme à ses pieds. Puis, revenant à Alice, il l'embrassa comme une madone.

C'étaient les épousailles de la mort. A peine le comte avait-il détaché ses lèvres du front de marbre de la morte, que Mme Kaosoff, se relevant invaincue, toute à sa vengeance, cria au comte, en le défiant du regard :

— *Êtes-vous content?*

LVI

L'ENFANT RETROUVÉ

Le bruit de cette mort, presque soudaine, s'était répandu dans tout l'Hôtel de France. Ce fut une vraie douleur pour tous ceux qui avaient vu arriver cette jeune fille, souriante dans la mort; car, depuis son départ de Paris, on voyait bien vite qu'elle était promise au tombeau, par sa blancheur, ses yeux cernés, ses regards extra-humains. Elle était plus belle que jamais dans cette auréole de la mort, quand l'âme se montre et rayonne sur le corps.

Le comte d'Aubigné, tout éperdu de désespoir, sortit sans savoir où il allait, demandant tout à la fois un prêtre et un médecin.

Il rencontra Cornillac qui amenait le docteur Jollery et l'abbé de Sainte-Eugénie.

Mais il était trop tard, pour le médecin comme pour le prêtre.

M. d'Aubigné revint vers la morte et la veilla pieusement, priant pour elle, lui qui depuis longtemps ne priait plus pour lui. Mme de Kaosoff apparaissait de temps en temps fort attristée, mais toujours hautaine, voulant braver cet homme jusqu'au bout, insoumise aux coups de la destinée.

A deux heures de la nuit, Katinka jugea que l'heure était venue d'ensevelir la morte, car les mains étaient glaciales si le cœur n'était pas froid encore.

Il se passa une scène inattendue : Tout d'un coup Katinka poussa un cri.

Comme elle voulait envelopper le corps d'Alice dans une chemise de dentelle, elle avait aperçu, en soulevant le bras, la petite croix qu'elle avait marquée au fer rouge sur l'enfant abandonné en 1855.

M. d'Aubigné arriva sur ce cri.

— Elle n'est pas morte? dit-il à Katinka.

La gouvernante secoua tristement la tête.

— Pourquoi ce cri ?

M⁽ᵐᵉ⁾ Kaosoff survint.

Katinka ne voulait pas répondre. Mais, après tout, pourquoi ne dirait-elle pas la vérité, devant cet amant éperdu, à cette femme sans cœur !

— J'ai crié, parce que je viens de faire une horrible découverte. Madame, nous avons retrouvé l'enfant perdu. Voyez, plutôt.

Et elle montra à la comtesse une croix noirâtre imprimée sous le bras.

M⁽ᵐᵉ⁾ Kaosoff tomba agenouillée, comme si la foudre eût passé sur elle.

— Ma fille ! s'écria-t-elle.

Et elle éclata en sanglots.

— Oh ! la misérable, cria d'Aubigné.

— Je ne veux pas lui survivre, reprit la Kaosoff. Katinka, donne-moi un poignard, que je me tue à ses pieds et qu'on m'enterre avec elle.

M. d'Aubigné, qui comprit alors toute l'horreur de ce drame, dit à la Kaosoff :

— *Êtes-vous contente ?*

LVII

LA TOMBE SANS NOM

Katinka ne pouvait contenir son indignation. Elle dit à sa maîtresse :

— Non, madame, je ne vous donnerai pas de poignard parce que vous n'en feriez rien!

La Kaosoff bondit comme une lionne.

— Je n'en ferais rien! Mais tu ne vois donc pas ma douleur et mon désespoir? Dieu s'est cruellement vengé.

Elle se retourna vers M. d'Aubigné :

— Malheur! malheur! malheur! — à moi et à toi. — Oui à toi! hurla-t-elle en menaçant le comte.

Elle embrassa la morte.

— Tout cela n'est pas vrai ! n'est-ce pas, Katinka ? Non, je ne suis pas la mère de cette morte ! Un ange que j'ai jeté au démon. Oh ! Katinka, prie pour moi ! Sais-tu que c'est moi qui l'ai jetée vierge encore dans les bras de cet homme ! Et pourquoi ! pour me venger. Oui, j'ai perdu son âme quand j'ai retrouvé son corps. Katinka, dis-moi que je suis folle, mais dis-moi que c'est lui qui l'a tuée !

Katinka n'écoutait pas ces cris de la comtesse.

— Pauvre fille ! disait-elle en regardant Alice, tant de beauté pour la tombe.

— Réponds-moi donc ! disait la comtesse à son ancienne servante.

— Que vous dirai-je ? Vous ne croyez ni à Dieu ni à votre âme.

— Je crois que je suis la plus malheureuse des femmes. Je ne survivrai pas à mon Alice ! Si je n'ai pas la force de me tuer, tue-moi. Je te dis que je veux qu'on m'enterre avec ma fille.

— Hélas ! murmura Katinka en parlant à M. d'Aubigné, dans huit jours elle ne pensera plus à sa fille. Il y a vingt ans elle a pleuré aussi en la mettant aux Enfants-Trouvés, mais je connais ces crises-là.

— Je te dis que je veux qu'on m'enterre avec ma fille !

. . . .
. . . .
. . . .

Le surlendemain, on enterra toute seule Alice de Reviers dans le cimetière de Biarritz.

— Pourquoi ne l'emmenez-vous pas à Paris? demanda Katinka à Mme Kaosoff.

— Parce qu'il me serait impossible de vivre à Paris, si près d'elle, répondit la comtesse.

— Ainsi vous l'abandonnez une seconde fois !

— La vie est trop courte pour qu'on la passe sur les tombeaux.

— Oh ! madame, voilà un horrible mot qui révolterait toutes les mères.

. . . .
. . . .
. . . .

Quand il fallut déclarer à la mairie le nom de la morte, on ne put naturellement remettre aucun papier de l'état civil. Deux témoins, qui ne la connaissaient pas, déclarèrent, sur la prière de Mme Kaosoff, qu'elle se nommait Alice de Reviers.

Sur la pierre qui la recouvre au cimetière, il n'y a pas encore de nom gravé.

Comme le disait Katinka : « C'est donc deux fois l'oubli et l'abandon ! »

. . . .
. . . .
. . . .

Mme Kaosoff partit pour Paris pour reprendre en toute hâte son train de vie.

Huit jours après la mort de sa fille, elle était au Bois, souriant de son éternel sourire d'acier à tous ceux qui la connaissaient. Elle portait le deuil en rose.

Elle osa sourire à Cornillac.

— Pardon, madame, lui dit-il en approchant de son landau, le chapeau sur la tête, je n'ai pas l'honneur de vous connaître.

— Tant pis pour vous et tant mieux pour moi !

Un sportman dit alors à Cornillac :

— Après tout elle est très-belle, cette grande cavale !

— Oui, mais elle est vicieuse : elle jette toujours son cavalier par terre.

. . . .
. . . .
. . . .

M. d'Aubigné resta trois mois à Biarritz, ne voulant voir que le tombeau d'Alice — là-bas sur la côte des Basques — ne voulant parler qu'aux vagues éplorées.

A son retour à Paris, quand un jour, aux Champs-Élysées, il aperçut cette femme toujours implacablement souriante, il dit en serrant le bras de Cornillac :

— Oh ! si elle en valait la peine cette g—, comme je la tuerais !

FIN

UN DERNIER MOT

Voilà les tragi-comédies que donnent à Paris les cosmopolitaines pour distraire leur cœur. C'est que depuis longtemps on les a habituées à jouer le premier rôle à Paris.

Nous ne leur faisons pas l'hospitalité; ce sont elles qui nous reçoivent chez nous. Ah! c'est que les belles étrangères savent mettre en pratique les théories de la volonté.

Alexandre Dumas ne vous a-t-il pas prouvé souverainement que l'étrangère, quand elle met toutes voiles dehors, met aussi dehors toutes les autres femmes?

Les Parisiennes prendront-elles leur revanche?

Cette histoire que vous venez de lire est contée à cette heure dans tous les mondes avec toutes les variantes de l'histoire, avec toute la passion du pour et du contre.

Octave de Parisis a-t-il été un fidèle historien? Oui et non, car tout en me contant ce qu'il a vu il a donné la couleur du roman à la vérité.

Le chapitre du *Secrétaire brisé* me rappelle une scène toute pareille qui s'est jouée il y a longtemps et qui a inspiré cette Mme Kaosoff.

Les personnages étaient un prince du vrai monde et une princesse du demi-monde, la célèbre Olympe***, une belle batailleuse qui jouait toujours aux poignards.

Le prince voulait faire une fin de prince charmant mais ruiné : épouser la fille d'un banquier.

Qu'allait devenir celle qu'on appelait la princesse? On disait qu'elle était la fortune du prince. Je m'explique. Le prince se drapait dans son nom, comme les grands d'Espagne dans leurs manteaux. Il croyait avoir tout fait quand il avait donné son cœur. C'était, d'ailleurs, l'opinion d'Olympe qui prenait le titre de princesse dans ses voyages avec son amant. Il lui fallait donc convoler en d'autres noces pour avoir de l'argent. En attendant que le prince se mariât, elle se maria de son côté avec les hommes à la mode, mais surtout avec les argentiers; si bien que le prince risquait un peu sa dignité avec son amoureuse; mais elle était belle et elle parlait comme un oracle!

Enfin, un jour, las de mener cette folle vie, le prince aborda au rivage. Il alla demander la dot, — je me trompe, — la main de la fille d'un banquier qui avait fait son chemin dans les chemins de fer. S'il fut bien accueilli, vous n'en doutez pas! *Notre fille sera princesse!*

Femme d'un prince, elle le fut; mais, princesse, jamais!

Pendant que la femme savourait son bonheur, le bonheur d'être moquée par un grand de ce monde, la maîtresse pleurait toutes ses larmes; mais le prince payait ces larmes, princièrement, un louis d'or pour chaque pleur; les louis d'or lui coûtaient si peu!

Toutefois, un jour, il trouva que sa maîtresse pleurait trop, il résolut d'arrêter ce torrent; elle pleura davantage, elle menaça de se consoler en écrivant leurs amours en prose et en vers. Elle imprimerait les lettres les plus passionnées et les plus extravagantes. Le prince était devenu ambitieux, il eut peur de l'opinion; il pacifia cette passion guerroyante en signant une pension de vingt-cinq mille livres. Vraie pension de prince. Un banquier n'eût signé que mille louis, un bourgeois n'eût donné que dix mille francs.

Olympe avait tant pleuré que son médecin lui conseilla l'air balsamique des Pyrénées; elle mit sous clef, dans un joli secrétaire de Chine, la donation autographe de vingt-cinq mille francs de rente; elle écrivit un mot d'adieu au prince *Charmant* et partit avec une amie — pour oublier. — Elle ne fut pas plutôt aux Pyrénées qu'elle se rappela une horrible chose : le prince ne lui avait pas rendu une petite clef d'argent qu'il appelait la *clef de minuit*. Grâce à cette petite clef, il était chez lui chez elle ; il avait ses grandes et ses petites entrées, car la dame avait beau courir les aventures, une fois minuit sonné, la maison était sacrée.

— A quoi penses-tu ? lui dit son amie, en montant une montagne neigeuse.

— Un peu plus, répondit-elle, j'avais le vertige et je tombais comme une avalanche.

Elle confia à son ami toutes ses terreurs : le

prince ne lui avait pas rendu sa clef; n'irait-il pas chez elle pour déchirer la donation dans le silence des nuits !

— C'est un galant homme, dit l'amie.

— Oui, ma chère amie, mais il a épousé une bourgeoise. Épouser l'argent, c'est aimer l'argent. Ce soir je partirai pour Paris.

Elle partit.

Quand elle arriva, c'était la nuit. Elle avait voyagé de Bordeaux à Paris avec un ancien amoureux qui la décida à souper avec lui.

Aussi ne rentra-t-elle chez elle qu'à minuit et demi. Le portier, qui était couché, daigna lui donner un bougeoir, mais ne lui parla pas dans la peur de se réveiller tout à fait.

La dame n'avait pas conservé ses gens, croyant passer tout l'été aux eaux. Elle monta donc seule à son troisième étage.

En ouvrant la porte, comme elle n'aimait point la solitude, elle regretta d'avoir été farouche avec son compagnon de souper. Mais n'avait-elle pas son petit poignard à la ceinture ?

Voilà que tout à coup la chambre du fond, sa chambre à coucher, lui apparait illuminée.

— Qu'est-ce que ce mystère ou ce miracle !

Elle qui était brave devant les hommes, elle se sentit lâche devant l'inconnu. Elle avait avancé, elle recula jusqu'à la porte d'entrée. L'épouvante la saisit; elle faillit se trouver mal. Qui donc était chez elle, sinon un voleur?

— Et si c'était le prince!

A cette idée le courage lui revint; elle se précipita vers sa chambre, le cœur battant, l'œil égaré, la main sur son poignard.

Et quel fut le spectacle?

Le prince — c'était bien lui — était là, plus pâle qu'elle ne l'était elle-même, brisé et abimé par le contre-coup de sa félonie.

Il effraya Olympe par son attitude. Jamais un forfaiteur ne s'était senti si accablé. C'est que le prince était un galant homme égaré.

Le secrétaire était brisé, — ce joli secrétaire en laque de Chine, où tout Paris aurait voulu glisser un billet doux. — Le prince avait déchiré la donation; il regardait à ses pieds les feuilles éparses. Il n'avait pas le courage de sa mauvaise action; car, tout compte fait, le gentilhomme dominait en lui.

Cependant Olympe était là dans la blancheur et l'immobilité d'une statue; un seul mot tomba de sa bouche.

— Quoi ! tu as fait cela !

Le prince resta assis, leva les yeux sur Olympe et répondit d'une voix troublée :

— Oui ! j'ai fait cela !

Il y eut un silence terrible, car Olympe avait des colères de tigresse. Le prince ne se mit pas en garde parce qu'il ne put ressaisir ses forces; peut-être, d'ailleurs, pensait-il qu'une telle forfaiture devait être punie, même s'il la rachetait en signant une autre donation.

Olympe, qui sentait les paroles se glacer sur les lèvres, essaya encore de dire quelques mots.

— Et maintenant, que tu as fait cela, que vas-tu faire ?

— Rien ! répondit le prince.

Ce mot sembla un défi à Olympe ; elle se précipita sur le prince et le frappa d'un coup de poignard.

Elle croyait frapper au cœur, elle ne frappa qu'à la main.

— Coquine ! cria-t-il.

Alors ce fut horrible, car il se défendit. La douleur corporelle avait tué la douleur morale. Il roula à terre, mais il entraîna sa maîtresse. Pendant quelques secondes ce ne furent que des cris étouffés; un spectateur se serait imaginé être à la barrière des Vertus.

Mais, qu'eût-il pensé ce spectateur, si une heure après il se fût trouvé là! Les lumières étaient éteintes et les cris amoureux succédaient aux cris de fureur. — Juste retour des choses d'ici-bas! — Il eût pensé que tous les hommes et toutes les femmes sont les mêmes.

Et qu'advint-il des vingt-cinq mille livres de rente ?

Voici : Le lendemain, le prince, qui connaissait bien les femmes, revint voir sa maîtresse et versa devant elle, d'un joli sac en cuir de Russie — il faut que l'or sente bon — vingt-cinq mille francs en toutes pièces d'or, depuis la pièce de cent francs jusqu'à la pièce de cent sous.

— Voilà, lui dit-il, qui vaut mieux que ma signature. Tous les ans je t'apporterai ainsi vingt-cinq mille francs.

La dame savait bien que c'était là une promesse fallacieuse; mais qui n'apaise-t-on pas avec de l'argent comptant? Vingt-cinq mille francs aujourd'hui, n'est-ce pas mieux que vingt-cinq mille francs de rente sur le papier ? L'amour n'aime pas les assignats.

Voilà l'histoire d'avant-hier, première édition de l'histoire d'hier. La comtesse Kaosoff savait la première, voilà pourquoi elle avait mis en scène la seconde, ne doutant pas qu'on ne puisse faire payer bien cher un secrétaire brisé par effraction. Sa morale est que les femmes ont de par Dieu tous les priviléges et que l'amour est l'argent des autres. Elle dit comme Molière : « Je prends mon bien où je le trouve. »

C'est encore là une femme de théâtre que je recommande à Alexandre Dumas II.

N'espérez pas que M°° Kaosoff se soit arrêtée dans sa vengeance devant la tombe de sa fille. Le procès commencé suit son cours. M. le comte d'Aubigné est appelé devant le tribunal civil — on avait parlé du tribunal correctionnel — pour répondre de ses faits et gestes.

M°° Kaosoff se porte partie civile, au nom des héritiers de M°° de Reviers. Elle demande que M. d'Aubigné soit condamné à lui payer 250,000 francs, se fondant sur ce point que selon la donation M°° de Reviers pouvait, à son choix, exiger 250,000 francs comptant, si elle n'aimait mieux vingt-cinq mille livres de rente toute sa vie. M°° Koasoff est allée en Espagne, d'où elle a rapporté un pouvoir en bonne forme de l'officier d'Alphonse XII. Ce jeune homme, fort attristé, a paru quelque peu surpris en donnant son pouvoir, mais on ne repousse pas le mirage de 250,000 francs quand on est officier de fortune.

L'avocat de la comtesse lui dit à elle-même que ce procès-là ne se tient pas et ne se soutiendra pas. — « Je le sais bien, répond-elle, mais
« le comte d'Aubigné a trop peur du scandale
« pour ne pas offrir 125,000 francs.

Si la comtesse reçoit 125,000 francs, combien donnera-t-elle « au frère » d'Alice. Peut-être 25 mille francs, elle n'oubliera pas non plus ses deux femmes de chambre. Mais, à ce compte-là, il lui restera de quoi payer les chandelles, ce fameux jour où le comte d'Aubigné, attardé chez elle, vers minuit, a fait dire à son cocher de revenir le lendemain.

TABLE

I.	La Reine du sabbat....................	1
II.	Enfant perdu, Enfant trouvé............	6
III.	Le Miroir aux alouettes................	12
IV.	Un Homme du monde et de la mode.....	17
V.	L'Esprit de l'amour. — L'Amour de l'esprit..	22
VI.	M. de Cornillac......................	27
VII.	Le Sopha............................	32
VIII.	Hermione et Phèdre..................	35
IX.	Pour un coup d'épée..................	38
X.	L'Enfer de la femme..................	41
XI.	Mademoiselle Alice de Reviers..........	46
XII.	Une jolie jambe......................	56
XIII.	Les douceurs d'une lionne.............	62
XIV.	Le Contrat du diable..................	70
XV.	Les Passions et les Affaires............	76
XVI.	Un coup de soleil à l'Opéra............	78

XVII.	Le plus amoureux des trois.	84
XVIII.	La Porte entr'ouverte.	93
XIX.	Cornillac par-ci, Cornillac par-là.	98
XX.	Rêverie au bord de l'abîme.	103
XXI.	Le Loup dans la bergerie.	106
XXII.	La sainte bêtise.	108
XXIII.	Le commencement et la fin.	114
XXIV.	La Coupe brisée.	119
XXV.	Les Colères de la lionne.	122
XXVI.	Les Mystères du cœur.	129
XXVII.	La Madone du mal.	131
XXVIII.	La Comédie nocturne.	135
XXIX.	Le Signe de la Croix.	140
XXX.	Comment M. d'Aubigné fut débarrassé de sa dernière maîtresse.	142
XXXI.	Le Chapitre du bonheur.	146
XXXII.	La Lettre volée.	150
XXXIII.	L'Enfant perdu.	153
XXXIV.	Comment on garde l'éternelle jeunesse.	158
XXXV.	Quand on a donné son âme au Diable.	161
XXXVI.	Deux Diamants, deux Larmes.	167
XXXVII	Comment la Kaosoff rentra dans ses diamants.	172
XXXVIII.	L'Amour doute de l'Amour.	175
XXXIX.	Silhouette.	179
XL.	Où la Comtesse démasque ses batteries.	181
XLI.	La Robe de Mariée.	188
XLII.	Le Linceul d'un Amour.	193
XLIII.	La veille de la Fête.	196
XLIV.	Le Serpent et la Colombe.	205
XLV.	Le Festin.	207
XLVI.	Êtes-vous content?.	210
XLVII.	Le Vol avec effraction.	215

XLVIII.	La Kaosoff................	223
XLIX.	La Question d'argent............	226
L.	L'Oiseau de proie.............	232
LI.	L'Agonie.................	240
LII.	La Confession d'Alice..........	244
LIII.	Le Baiser de la mort...........	249
LIV.	Pourquoi on revoit Cornillac......	251
LV.	Les Épousailles..............	256
LVI.	L'Enfant retrouvé.............	261
LVII.	La Tombe sans nom...........	264
Un dernier mot................		269

GRAND-HOTEL
PARIS
12, boulevard des Capucines, 12

DÉJEUNERS SERVIS A DES TABLES PARTICULIÈRES
Vin, Café et Liqueurs compris, 4 fr.

DINERS A LA TABLE D'HÔTE DU GRAND-HÔTEL
Vin compris, 6 fr.

C'est la table la mieux servie de Paris.

700 CHAMBRES DEPUIS 4 FR. PAR JOUR

Pension : 20 fr. par jour

Logement, Éclairage, Chauffage, Nourriture
et Vin compris.

Trois ascenseurs desservent les étages depuis six heures
du matin jusqu'à une heure après minuit.

PARFUMERIE ORIZA
DE L. LEGRAND
FOURNISSEUR DE LA COUR DE RUSSIE

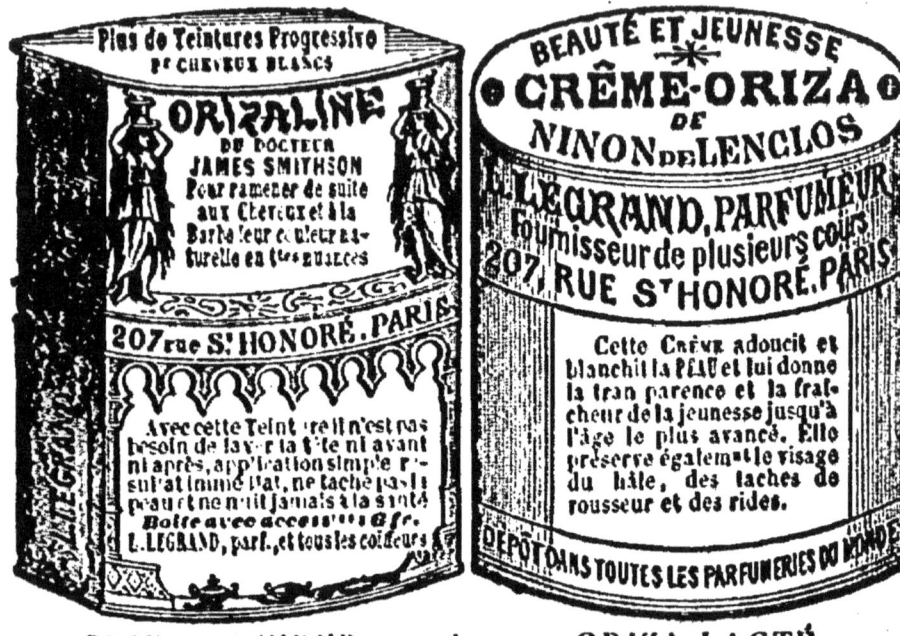

ORIZA-POWDER
DE NINON DE LENCLOS
Poudre fleur de riz, donnant le velouté de la pêche.

ORIZA-OIL
Huile de noisette pour lustrer, adoucir la barbe, les cheveux et les empêcher de se casser.

ORIZA LACTÉ
LOTION ÉMULSIVE
Blanchit et rafraîchit la peau enlève et détruit les taches de rousseur.

SAVON ORIZA
d'après le Dr O. Réveil, le plus doux et le plus rafraîchissant pour la peau.

Oriza-blanc et rose, fards en poudre pour donner des couleurs naturelles à la peau.

Ess. Oriza et Oriza-Lys, parfums de divers bouquets à la mode pour parfumer le linge et le mouchoir sans le tacher.

Oriza-Frowers (ambrée), eau admirable de toilette pour tonifier la peau, parfum suave et délicat.

Oriza-Hay, eau de toilette (New-Mown-Hay), au bouquet de foin fraîchement coupé.

En un mot, la parfumerie Oriza renferme tout le sérail des fleurs et toute la science des chimistes.

207, Rue Saint-Honoré, 207.

www.ingramcontent.com/pod-product-compliance
Lightning Source LLC
Chambersburg PA
CBHW071131160426
43196CB00011B/1857